KB200156

그래도 나는 신앙인이다

그래도 나는 신앙인이다

글쓴이 | 황형택
초판 발행 | 2019년 5월 9일
등록번호 | 제1988-000080호
등록된 곳 | 서울특별시 용산구 서빙고로65길 38
발행처 | 사단법인 두란노서원
영업부 | 2078-3352   ^{FAX} 080-749-3705
출판부 | 2078-3331

책 값은 뒤표지에 있습니다.
ISBN 978-89-531-3464-5 03230

독자의 의견을 기다립니다.
tpress@duranno.com   http://www.Duranno.com

두란노서원은 바울 사도가 3차 전도여행 때 에베소에서 성령 받은 제자들을 따로 세워 하나님의 말씀으로 양육하던 장소
입니다. 사도행전 19장 8-20절의 정신에 따라 첫째 목회자를 돕는 사역과 평신도를 훈련시키는 사역, 둘째 세계선교(TIM)
와 문서선교(단행본·잡지) 사역, 셋째 예수문화 및 경배와 찬양 사역, 그리고 가정·상담 사역 등을 감당하고 있습니다.
1980년 12월 22일에 창립된 두란노서원은 주님 오실 때까지 이 사역들을 계속할 것입니다.

그래도
나는
신앙인이다

삶에 담는
야고보서

———

황형택 지음

두란노

목차

프롤로그   그래도 나는 신앙인이다 ❖ 6

Chapter 1   품격 있는 신앙인

1 말 정제하기 ❖ 12
2 말 길들이기 ❖ 23
3 말과 일치되기 ❖ 32

Chapter 2   같이하는 신앙인

1 공평하신 하나님처럼 ❖ 42
2 내 이웃을 내 몸과 같이 ❖ 53
3 우리가 긍휼을 받음같이 ❖ 63

Chapter 3   가치를 아는 신앙인

1 물질의 한계를 넘어서 ❖ 74
2 오늘 해야 하는 선행 ❖ 84
3 가치 있는 삶을 향하여 ❖ 94

Chapter 4 　　　　　주변을 살리는 신앙인

1 남을 높여주는 인생이 되라 ◆ 106
2 온유함으로 말씀의 꽃을 피우라 ◆ 115
3 위로부터 난 지혜의 열매를 거두라 ◆ 131

Chapter 5 　　　　　자리를 지키는 신앙인

1 경건으로 무장된 인생 ◆ 144
2 고대하게 하는 인생 ◆ 161
3 돌이키게 하는 그 한 사람 ◆ 169

에필로그 　　　　　야고보서 다시 쓰기 ◆ 178

부록 ◆ 196

그래도 나는 신앙인이다

신앙인 수난시대다. 어쩌면 이는 우리가 자처한 고난일지도 모른다. 신앙인을 노려보는 눈은 매서우리만치 빈틈이 없다. 신앙인을 향한 날카로운 비수는 더 이상 숨겨진 칼이 아니라 눈앞에 높이 치켜든 칼처럼 느껴진다. 두렵다. 그리고 부끄럽다. 언제 어디서든 신앙인인 나를 향해 돌진할 수 있으리라 생각하면 한 걸음조차 떨린다.

'신앙은 삶의 자리에서 꽃피워야 할텐데, 내 신앙은 영혼 속에서조차 방랑하고 있는 것은 아닐까?' '꽃을 피우기 위해 지난한 겨울을 보내야 하는데 온실의 내면 환경만 꿈꾼 것이 아닐까?' 하는 생각이 들어 내 머리를 싸맨다. 그렇다. 삶은 버겁다. 부인할 수 없다. 아니, 신앙의 삶은 한층 거세게 나를 몰아가기에 힘겹다. 꼭 이렇게 살아야 하나 하는 질문이 목구멍까지 차오른다. 세상 속에서, 세상 속으로, 세상을 향해 아름답게 나부껴야 할 깃발이 힘없이 흔들리면 나도 나를 떠나고 싶다. 그러나 나는 신앙인이 아닐 수 없다. 나는 이미 영광스러운 하나님의 자녀다. 그러므로 그 영광을 빛내야 할 책무까지 짊어지고 있는 것은 아닐까? 딜레마다.

다시 일어나고 싶었다. 다시 신앙의 자랑스러운 깃발로 흔들리고 싶은 마음을 숨길 수가 없다. 삶을 망각한 신앙, 신앙이라는 든든

한 기초석을 떠난 실천 역시 내게는 어울리지 않는 옷이었다. 이젠 옷을 갈아입어야 한다. 야곱은 벧엘로 올라가자고 하면서 "너희들의 의복을 바꾸어 입으라"(창 35:2)고 선언했다. 그래도 나는 신앙인이기 때문이다. 나를 살리시는 생명의 말씀, 그 터전 위에 흐트러진 제단을 보수하고 재건해야 할 신앙인이기 때문이다.

고난주간을 보내며 가슴속에 파묻히도록 외쳤던 찬송이 있다.

"나는 믿네 갈보리 언덕 십자가, 나는 믿네 그 누가 뭐라 해도! 이 세상 다 지나고 끝 날이 와도 험한 십자가 붙들겠네."

그 누가 뭐라 해도, 세상의 비난이 성난 파도처럼 밀어닥쳐도 나는 예수의 십자가를 붙들고, 험한 그 십자가를 붙들고 이 세상을 살아내야 할 신앙인이다. 그렇다. 피할 수 없는 비난을 듣는 나도 '신앙인 나'지만 또한 피할 길 없는 신앙의 길을 다시 걸어야 할 사람도 '신앙인 나'다.

신앙은 허상이 아니다. 허무한 것에 결코 굴복할 수 없는 고귀한 영광이다. 야고보는 영광의 빛이 사그라지지 않도록 나에게 '너는 신앙인'이라고 다그친다. 그의 음성을 새기고 싶었다. 나 혼자만이 아니라 신앙의 길에 들어서 있는 누군가와 손잡고 신앙인의 그림을 함께 그리고 싶었다. 신앙인인 나를 향한 세상의 비난이 조금은 누그러져 감히 바랄 수 없을지 모르지만 신앙의 동경이 일어나도록 나를 재촉하고 싶었다. 너무 큰 소망일까?

예수님의 형제 야고보는 이렇게 말한다.

> 그가 그 피조물 중에 우리로 한 첫 열매가 되게 하시려고 자기의 뜻을 따라 진리의 말씀으로 우리를 낳으셨느니라 약1:18

신앙인인 내가 '한 첫 열매'가 되기를 기대하시면서 우리를 이 땅에 보내셨다고 말이다. '개혁의 영 스터디 바이블'(Spirit of the Reformation Study Bible)은 이 구절을 이렇게 해석했다.

"첫 열매(a kind of firstfruits)는 추수의 '처음 것'이라는 뜻만이 아니라 '최고의 열매'(the best)라는 뜻도 있다."

다시 떨린다. 신앙인인 내가 처음만이 아니라 최고의 신앙인이 되기를 기대하고 계신다니 가슴이 찌릿하다. '다시 첫 열매, 최고의 열매!' 놓쳐서는 안 될 야고보의 일갈이다.

수년 만에 책을 펴낸다. 참담한 시간을 지나왔다. 그동안 옆에서 손잡아준 사람들이 있었다. 절망의 눈물조차 마를 때 곁에서 숨죽여 울어준 사람들이 있었다. 고마움을 넘어 가슴에 새겨질 정도다. 그들에게 이 책을 드린다. 그중에는 신앙의 동역자인 강북제일교회 성도님들도 마땅히 있다. 고개 숙여 감사 인사를 드린다.

아픔의 시간 곁에서 하염없이 눈물의 기도를 놓지 않았던 아내와 세 자녀 예담, 예림, 예진에게, 그 참혹한 순간(어찌 순간이라고 쓸 수 있단 말인가! 천년의 시간이라고 적어야 하지 않을까!)에도 믿음과 신앙의 끈을 포기하지 않았던 사랑하는 자녀들에게 이 책을 주고 싶다. 그리고 감히 안부 묻기조차 주저하면서 함께 지독히 아파한 나의 가족, 형님과 누님께도 드리고 싶다. 아들이 어두운 터널을 빠져나오는 마지막을 보지 못한 채 그토록 그리던 주님의 품으로 가신 사랑하는 나의 아버지, 어머니. 나의 믿음을 시작하게 하시고 아름다운 신앙의 모범이 되어 주신 두 분께 부족한 글이지만 안겨드리고 싶다. "사랑하는 엄마 아빠, 그 나라에서 만나요!" 오랜만에 내는 글임에도 따뜻한 마음으로 출판을 결정해준 두란노 가족들에게도 감사의 마음을 전한다.

그래도 나는 신앙인이다. 흐트러진 옷매무새를 단정히 해야 할 나는 신앙인이다. 부족한 나를 다시 안아주시는 가장 좋으신 내 하늘의 아빠 아버지께 영광의 노래를 드리며….

Soli Deo Gloria!

2019년 부활의 아침을 보내며
황형택

Chapter 1

품격 있는
신앙인

1 말 정제하기

내 형제들아 너희는 선생 된 우리가 더 큰 심판을 받을 줄 알고 선생이 많이 되지 말라 우리가 다 실수가 많으니 만일 말에 실수가 없는 자라면 곧 온전한 사람이라 능히 온몸도 굴레 씌우리라 우리가 말들의 입에 재갈 물리는 것은 우리에게 순종하게 하려고 그 온몸을 제어하는 것이라(약 3:1-3).

온전한 사람은 말에 실수가 없다

상대와 대화를 나누다 보면 그 사람의 진면목을 알 수 있다. 때에 따라선 사용하는 말과 태도를 통해 그 사람이 어떤 사람인지 평가할 수 있다.

예수님도 말이 얼마나 중요한지에 대해 말씀하셨다.

누구든지 사람 앞에서 나를 시인하면 나도 하늘에 계신 내 아버지 앞에서 그를 시인할 것이요 마 10:32

우리가 예수 믿는 사람이라고 입으로 시인할 때 주님도 하늘에 계신 아버지 앞에서 우리를 인정해 주시겠다는 뜻이다.

성경을 보면 지도자의 자격으로 유창한 말솜씨를 언급한 곳이 많다. 출애굽기에서 하나님이 모세를 통해 이스라엘 백성들을 인도해내실 것이라고 하자 모세는 이렇게 대답했다.

> 오 주여 나는 본래 말을 잘 하지 못하는 자니이다 … 오 주여 보낼 만한 자를 보내소서 출 4:10, 13

예레미야도 하나님의 놀라운 사명을 듣고 나서 이렇게 대답했다.

> 슬프도소이다 주 여호와여 보소서 나는 아이라 말할 줄을 알지 못 하나이다 렘 1:6

이렇듯 예나 지금이나 지도자가 되기 위해 갖춰야 할 중요한 요건 가운데 하나가 말이다. 때와 장소에 어울리는 적절한 단어를 선택하고, 많은 사람의 마음을 사로잡는 언변을 지녔느냐에 따라 그 사람의 능력을 평가하기도 한다.

성경은 말의 중요함에 대해 이렇게 강조한다.

> 우리가 다 실수가 많으니 만일 말에 실수가 없는 자라면 곧 온전한 사람이라 능히 온몸도 굴레 씌우리라 2절

온전함, 이것은 주님이 하나님의 사람인 그리스도인들에게 내리신 명령 가운데 하나다. 이는 마태복음에서도 확인할 수 있다.

> 그러므로 하늘에 계신 너희 아버지의 온전하심과 같이 너희도 온
> 전하라 마 5:48

야고보서는 말의 실수가 없으면 온전한 사람이 된다고 했다. 여기서 온전한 사람은 신앙인다움을 갖춘 사람이라고 말할 수 있다.

말로 가르치는 것을 삼가라

그렇다면 말이 온전해지려면 어떻게 해야 하는가?

선생이 되지 않는 것이다. 말에 있어 온전하여 신앙인다움을 회복하려면 말로 너무 가르치려고 들지 말아야 한다.

> 내 형제들아 너희는 선생 된 우리가 더 큰 심판을 받을 줄 알고 선
> 생이 많이 되지 말라 1절

선생은 말로 가르치는 사람이다. 다시 말해 선생이 되지 말라는 것은 가르치는 일에 너무 익숙해지지 말라는 뜻이다. 가르치려고 하면 말을 많이 하게 된다. 말을 많이 할수록 말실수가 잦아지는데, 그러다 보면 남에게 상처 주는 말을 하게 된다. 그래서 성경은 선생이 되어 너무 가르치려 하지 말라고 말씀하시는 것이다.

가깝게 우리 가정을 살펴봐도 그렇다. 너무 가르치려고 하다 보면 자신도 모르는 사이 가족에게 상처 주는 말을 하게 된다. 말수가 많아져 자녀나 배우자의 마음에 대못을 박는 것이다. 이는 가정뿐 아니라 직장, 교회에서도 마찬가지다.

충고할 때는 듣고자 하는 사람에게만 해야 한다. 듣지 않으려는 사람에게 충고하려고 하면 도리어 화를 입을 수 있다. 예수님은 이런 일은 돼지에게 진주를 던져주는 것과 같다고 말씀하셨다. 아무리 비싼 진주를 주어도 돼지에게 진주는 아무런 가치가 없다. 돼지가 가치를 두는 것은 음식뿐이다. 그래서 먹을 수 없는 진주는 오히려 돼지에게 화가 될 수 있다.

잠언에는 충고하는 일에 대해 이렇게 기록되어 있다.

> 한 마디 말로 총명한 자에게 충고하는 것이 매 백 대로 미련한 자를 때리는 것보다 더욱 깊이 박히느니라 잠17:10

듣고자 하는 사람에게는 한 마디 말로도 충분하다. 그러나 들을 준비도, 들을 만큼 성숙하지도 않은 사람에게 많은 말로 가르친다고 해도 긍정적 효과를 기대할 수 없다. 아직 준비되지 않는 사람에게 자꾸 가르치려고 하면 결국에는 서로에게 상처만 남기고 만다. 그러므로 충고하려면 주님의 교훈만 말하고, 그 외에는 자제하는 것이 좋다.

야고보는 비록 자신은 선생이 되었지만, 선생이 되려고 하지 말라고 당부한다. 가르치는 사람은 자신의 말에 책임을 져야 하기 때문이다.

선생은 자신이 가르치는 것을 삶에서 실천할 수 있는 사람이어야 한다. 그래야 가르치는 사람으로서 다른 사람에게 본이 된다. 그렇지 못할 경우 그 말은 올무가 되어 더 큰 심판의 대상이 될 뿐이다. 그래서 우리는 더 큰 심판의 대상이 되지 않기 위해 우리 삶을 되돌아보며 말을 아끼는 훈련을 해야 할 필요가 있다.

> 우리는 더 큰 심판의 대상이 되지 않기 위해 우리 삶을 되돌아보며 말을 아끼는 훈련을 할 필요가 있다.

말을 체로 거르는 작업을 하라

말(言)에 있어 온전한 사람이 되려면 말(馬)에게 재갈을 물리는 것처럼 우리 입에도 재갈을 물려야 한다.

> 우리가 말들의 입에 재갈 물리는 것은 우리에게 순종하게 하려고 그 온몸을 제어하는 것이라 3절

재갈은 말을 제어하기 위해 입에 넣어 두는 쇳조각이다. 그 쇳조각을 당기면 고통으로 말미암아 말은 함부로 날뛰거나 움직이지 못한다. 그래서 온순한 말이 되는 것이다.

우리 입술도 마찬가지다. 함부로 말하지 못하도록 하기 위해서는 입에 재갈을 물려야 한다. 이 재갈을 물리는 것에는 두 가지 의미

가 있다.

재갈을 물리는 첫 번째 의미는 고운 가루를 내거나 이물질을 걸러내기 위해 체를 사용하는 것처럼 말을 걸러내기 위해서다. 말할 때마다 입에 물린 재갈을 당겨 말의 수효를 줄이는 것이다.

말을 체로 걸러내는 작업을 해야 하는 이유를 네 가지로 생각해 볼 수 있다. 먼저, 때를 생각해야 하기 때문이다. 지금 하는 말이 때에 맞는 말인지 생각해야 한다. 잠언에는 이렇게 기록되어 있다.

> 사람은 그 입의 대답으로 말미암아 기쁨을 얻나니 때에 맞는 말이
> 얼마나 아름다운고 잠15:23

지금 말하는 것이 좋은지 그렇지 않은지를 생각하는 것이 체로 거르는 첫 번째 작업이다.

두 번째로 말을 체로 걸러내면 그 말이 진실하고 참된 것인지 점검할 수 있기 때문이다.

> 그런즉 거짓을 버리고 각각 그 이웃과 더불어 참된 것을 말하라
> 이는 우리가 서로 지체가 됨이라 엡4:25

우리는 진위 여부를 확인하지 않고 아무렇지도 않게 말할 때가 많다. 재갈을 물리지 않아 함부로 내뱉는 것이다. 그러나 우리는 자신이 하는 말이 진실하고 참된 것인지 늘 질문해야 한다.

말을 체로 걸러야 하는 세 번째 이유는 하고자 하는 말이 유익하고 덕을 세울 수 있는지 확인하기 위해서다.

> 모든 것이 가하나 모든 것이 유익한 것은 아니요 모든 것이 가하나 모든 것이 덕을 세우는 것은 아니니 고전 10:23

성경 말씀처럼 모든 것을 할 수 있어도 그 모든 것이 덕이 되고 유익이 되는 것은 아니다.

앞서 언급한 세 가지 체로 거르고 난 뒤 이 말만큼은 꼭 해야겠다는 생각이 들면 마지막 네 번째 체로 거르면 된다.

> 유순한 대답은 분노를 쉽게 하여도 과격한 말은 노를 격동하느니라 잠 15:1

지금 해야 하고, 가장 진실하고, 유익한 말이라는 모든 조건에 부합했을 때 부드러운 말로 하라는 것이다.

> 입에 재갈을 물리는 것은 지금 해야 하는 말인지, 진실하고 참된 말인지, 유익하고 덕을 세우는 말인지 점검하며 부드럽게 말하기 위해서다.

옛말에 "말 많은 집안은 장맛도 쓰다"라는 말이 있다. 말이 많으면 집안이 평온하지 못하다는 뜻이다. 그러므로 말을 체로 거르는 작업으로 말수를 줄여야 한다. 말이 줄어들 때 실수도 줄어든다. 이렇게 할 때 말은 점점 온전함에 다다르게 될 것이다.

말의 결과를 생각하라

재갈을 물리는 두 번째 의미는 말의 결과를 생각하면서 말하기 위해서다.

말은 파장을 가지고 있다. 소리로 전달되기 때문이다. 그래서 목소리만으로도 말하는 사람이 누구인지, 성별이나 연령대가 어떻게 되는지 파악할 수 있다. 이 파장은 소리가 부딪치는 모든 것에 파급 효과를 일으킨다. 말에는 단순히 소리 에너지만 있는 것이 아니라 영적 에너지도 함께 가지고 있다. 그래서 한번 나간 말은 다시 주워 담을 수 없을뿐더러 그 말을 들은 모든 사람을 거쳐 다시 자신에게 돌아오기도 한다.

그래서 주님은 복음을 전할 때, 어디를 가든지 그 집에 평안을 빌어주라고 말씀하셨다. 만약 그 사람이 받을 만하면 그 평안을 받겠지만, 받지 못한다면 자신에게 되돌아온다는 것이다. 바꾸어 말해도 마찬가지다. 어떤 사람을 저주할 때 미치는 저주가 그에게 적절하다면 받겠지만, 그렇지 않으면 도리어 그 재앙은 저주한 사람에게로 돌아간다.

레바논을 대표하는 철학자이자 시인인 칼릴 지브란(Kahlil Gibran)은 기독교인이었던 아버지의 영향을 받아 성장했다. 그가 탁월한 영감으로 집필한《예언자》를 보면 이런 글이 나온다.

"내 활이 당긴 무수한 화살이 기어이 내 가슴을 찾아오는구나!"

성경은 "칼로 찌름같이 함부로 말하는 자가 있거니와"(잠 12:18)라고 말씀한다. 말은 칼로 찌르는 것과 같은 파급 효과가 있어 내뱉은 말로 말미암아 일어날 결과를 생각하면서 말해야 한다.

그러나 우리는 너무 쉽게 말하는 실수를 저지른다. 그 말이 상대방에게 평생 지워지지 않을 상처로 남을 수 있음에도 그 결과나 영향을 생각하지 않은 채 말하고 있다.

> 말은 칼로 찌르는 것과 같은 파급 효과가 있다. 우리는 내뱉은 말로 인한 결과를 예상하면서 말을 해야 한다.

조지 W. 부시(George W. Bush)의 아버지 조지 H. W. 부시(George H. W. Bush)는 1988년 대통령 선거에서 민주당 대선 후보 마이클 듀카키스(Michael Stanley Dukakis)와 사형 제도 찬반에 대한 토론을 벌이게 되었다. 그는 더 큰 악을 거리낌 없이 저지르는 것을 막기 위해서는 사형 제도가 필요하다고 주장했다. 반면 듀카키스는 생명 존중을 내세워 사형 제도에 반대했다. 그러자 부시는 듀카키스에게 이런 질문을 했다.

"당신 아내가 성폭행을 당한 뒤 살해되었다고 해도 그 살인자를 사형시키는 것에 반대하시겠습니까?"

부시의 질문에 듀카키스는 조금도 주저하지 않고 대답했다.

"그럼에도 저는 사형 집행에 반대합니다."

미국에는 사형 제도를 찬성하는 사람도 있었고, 반대하는 사람도 있었다. 그런데 듀카키스의 말 한 마디는 사형 제도의 옳고 그름을 떠나 유권자들에게 차갑고도 냉정한 이미지를 심어주었다고 한다. 자신의 소신을 강하고 분명하게 밝힌 것은 좋았지만, 그 말 한 마디는 그에게 냉혈한 같다는 이미지를 심어준 것이다.

이후 모두 아는 대로 조지 H. W. 부시가 대통령이 되었고, 마이클 듀카키스는 대선에서 패배했다. 만약 마이클 듀카키스가 소중한 사람을 잃는 것이 얼마나 가슴 아픈 일인지 알기에 사형만은 하지 말았으면 좋겠다고 말했다면 대선의 결과는 달라졌을지도 모른다. 사형 제도에 반대하는 그의 주장은 변함없지만, 사람들은 그를 따뜻하고 생명을 소중히 여기는 사람이라고 기억했을 것이다.

이처럼 말할 때 그 결과를 생각한다면 말하는 것에 좀 더 주의하게 된다.

성령의 도우심으로 재갈을 물으라

'재갈'의 뜻을 가진 한자는 '함'(銜)으로, 말에 물리는 재갈을 '마함'이라고 부른다.

그런데 이 '함'은 '존함'이라는 단어에도 쓰인다. 함부로 부를 수 없어서 재갈을 물리고 불러야 하는 이름이 바로 존함인 것이다.

이름을 부르는 데 있어서도 조심하듯 말할 때는 늘 신중해야 한다. 말이 힘을 가지고 있기 때문이다. 그래서 함부로 내지른 말에 누군가 상처를 받을 수 있고, 그 말이 다시 자신에게 돌아와 상처가 될 수도 있음을 늘 생각해야 한다.

> 입을 지키는 자는 자기의 생명을 보전하나 입술을 크게 벌리는 자에게는 멸망이 오느니라 잠13:3

말은 스스로 재갈을 물 수 없다. 그래서 사람이 강제로 물리게 하는데, 우리 입술도 마찬가지다. 우리 입에 재갈을 물리기 위해서는 저마다 각고의 노력이 필요하겠지만, 성령의 도우심 없이는 절대 입술의 온전함을 바랄 수 없다. 입술을 지키는 일에도 우리는 주님의 은혜가 필요하다.

2 말 길들이기

또 배를 보라 그렇게 크고 광풍에 밀려가는 것들을 지극히 작은 키로써 사공의
뜻대로 운행하나니 이와 같이 혀도 작은 지체로되 큰 것을 자랑하도다 보라 얼
마나 작은 불이 얼마나 많은 나무를 태우는가 혀는 곧 불이요 불의의 세계라
혀는 우리 지체 중에서 온몸을 더럽히고 삶의 수레바퀴를 불사르나니 그 사르
는 것이 지옥 불에서 나느니라 여러 종류의 짐승과 새와 벌레와 바다의 생물은
다 사람이 길들일 수 있고 길들여 왔거니와 혀는 능히 길들일 사람이 없나니
쉬지 아니하는 악이요 죽이는 독이 가득한 것이라(약 3:4-8).

말 한 마디에 인생이 바뀔 수 있다

인생을 사는 동안 말 한 마디에 용기와 힘을 얻었던 적이 있는
가? 아니면 우연히 흘려들은 말 한 마디에 인생을 포기하고 싶을 만
큼 절망과 무기력의 순간을 경험한 적이 있는가?

어린 시절 부모로부터 들은 따뜻한 말 한 마디에 지금껏 삶의 희
망을 놓지 않는 사람이 있는가 하면, 수없이 되새기면서 날카로운 말
들로부터 헤어나지 못한 채 인생을 비극으로 몰고 가는 사람도 있다.

말을 하는 것은 쉽지만 그 말 한 마디의 영향력은 삶을 뒤흔들
만큼 강력한 힘을 가진다. 말은 모든 생각의 집합체이기 때문이다.
그래서 말이 가슴에 꽂히면 절망을 이길 소망이 될 수도 있고, 어두

운 감옥이 되어 좋은 것을 보지 못하도록 눈을 가릴 수도 있다.

지하철역 주변이나 교차로를 지나다 보면 종종 광고지를 나눠주는 사람을 보게 된다. 그런데 광고지에 적힌 내용이 당장 필요한 정보가 아니다 보니 받으면 귀찮고, 그렇다고 안 받자니 광고지를 내민 손이 민망할까 봐 이러지도 저러지도 못 할 때가 많다.

알고 지내는 한 선배는 광고지를 나눠주면 모두 받는다고 한다. 딸의 부탁이 있었기 때문이다. 대학을 다니던 딸이 잠시 광고지 나눠주는 아르바이트를 하고 나서 간청하듯 말했다고 한다.

"아빠, 길에서 누가 광고지를 나눠주면 꼭 받아주세요."

딸이 광고지를 내밀면 많은 사람이 시선을 돌린 채 잰걸음으로 그냥 지나갔다고 한다. 또 어떤 사람은 받자마자 힐끔 보고 나서 지켜보고 있는데도 그 자리에 버리고 갔다는 것이다. 그러면 땅에 떨어진 광고지를 다시 주웠다고 한다. 고용주에게 버렸다는 오해를 살까 걱정스러웠다는 것이다.

> 말하기는 쉽지만, 그 말 한 마디의 영향력은 삶을 뒤흔들 만큼 강력하다.

말은 곧 삶이다. 말에는 말하는 사람의 모든 경험이 담겨 있다. 그래서 삶의 자취가 담긴 말은 참으로 소중하며, 삶에 미치는 영향력 역시 어마어마하다. 한 마디 말로 절망에 빠진 사람이 웃기도 하고, 멀쩡하던 사람이 모든 것을 포기할 수도 있다. 이렇게 생각하면 말이 삶에 미치는 결과가 어느 때는 두렵기까지 하다.

성경은 말의 파괴력에 대해 이렇게 기록해 놓았다.

> 혀는 곧 불이요 불의의 세계라 혀는 우리 지체 중에서 온몸을 더
> 럽히고 삶의 수레바퀴를 불사르나니 그 사르는 것이 지옥 불에서
> 나느니라 6절

이 말씀을 읽다가 말의 결과가 너무 두렵고 떨려 뒤집어서 읽어
보았다. 말 한 마디 때문에 삶의 수레바퀴가 불타기도 하고, 삶의 수
레바퀴가 멋지게 굴러갈 수도 있다.

우리는 혀가 온몸을 더럽힐 수 있고, 쉬지 않는 악이 될 수 있으
며, 생명을 죽이는 독이 될 수도 있다는 것을 알고 있다. 말이 가진
엄청난 파괴력과 영향력을 인식했다면 삶의 수레바퀴가 불타지 않
고 잘 굴러가도록 하기 위해 우리의 혀를 어떻게 길들여야 하는가?

사람을 살릴 수도, 죽일 수도 있는 혀를 어떻게 해야 온전히 살리
는 힘으로 쓸 수 있느냐의 문제는 우리 삶의 과제로 남는다.

인생의 방향을 결정하는 키

인생을 '항해'에 많이 비유한다. 바다 위를 지나는 배는 작은 키
하나로 방향을 틀기도 하는데, 우리 인생도 말이라는 작은 도구 하
나로 그 방향을 바꿀 수 있다.

> 또 배를 보라 그렇게 크고 광풍에 밀려가는 것들을 지극히 작은
> 키로써 사공의 뜻대로 운행하나니 4절

누구나 아름다운 삶을 살고 싶어 한다. 비록 가진 것이 부족하고 배움의 기회를 많이 갖지 못했어도 삶을 잘 운행하고 싶은 마음은 누구에게나 있다. 그런데 삶이 멋진 항해가 되기를 바란다면 꼭 해야 할 일이 있다. 바로 말을 잘 길들이는 것이다.

항해를 하다 보면 순풍을 만나기도 하지만 광풍을 만날 때도 있다. 광풍은 배를 사공의 의도와 다른 방향으로 몰아가기도 한다. 그때 상황과 주변 환경에 맞게 배의 방향을 바꿀 수 있는 지혜가 필요하다.

> 말은 작은 것에 불과해 보이지만, 큰 배를 원하는 방향으로 움직일 수 있는 키의 역할을 한다.

인생에서도 광풍을 만날 때가 있다. 그때 헤쳐 나올 수 있는 방법 가운데 하나는 말을 다스리는 것이다. 말은 작은 것에 불과해 보이지만, 큰 배를 원하는 방향으로 움직일 수 있는 키의 역할을 한다. 그러므로 우리는 좋은 말을 할 수 있도록 힘써야 한다. 좋은 말은 좋은 선택을 낳는다.

아침에 집을 나서기 전 배우자나 자녀들에게 좋은 말을 들려주는 건 어떨까? 익숙지 않아서 처음에는 서로 어색할지도 모른다. 그러나 생활하는 동안 문득 떠오르는 그 말 한 마디에 웃을 수 있고 힘을 낼 수도 있다.

이는 타인뿐 아니라 자신에게도 마찬가지다. "나는 왜 이 모양일까!" "우리 집안은 왜 이런 거지!"라는 말로 스스로를 내동댕이치는 것이 아니라 하나님이 지어주심 그대로를 사랑하며 자신의 장점을 칭찬하고 수고로움을 위로해줄 수 있어야 한다. 그 말 한 마디는 우리 인생이라는 배가 순항하도록 도와줄 것이다.

이어령 선생에게는 이승무라는 아들이 있다. 그는 영화감독이다. 그가 할리우드에서 인정받아 주위 사람들의 권유로 영화를 제작하게 되었는데, 처녀작인 〈사막의 전사〉(The Warrior's Way)는 배우 장동건 씨가 주연으로 출연해 주목을 받았으나 흥행에는 실패했다.

해가 바뀌어 이어령 선생이 아들에게 연하장을 보냈다. 거기에는 이런 글이 있었다.

"아들아, 너는 실패해도 성공했단다."

성공은 실패라는 인생의 계단을 딛고 올라서는 것이기에 성공에 더 가까워졌다는 것이다. 이어령 선생은 성공과 실패는 단지 흥행의 문제가 아니라고 하면서 장편영화를 만들어 보지 않았느냐고 아들을 격려해 주었다고 한다.

"그 연하장을 받고 아버지의 말이 얼마나 큰 힘이 되었는지 모릅니다."

이승무 감독의 고백이다. 그는 지금도 영화를 만들고 있다. 실패했지만 그 실패가 지나간 뒤에는 성공의 순간이 오리라는 아버지의 말 한 마디로 인생을 순항할 수 있는 힘을 얻은 것이다.

영화를 찍는다고 다 흥행하는 것은 아니다. 그런데 흥행에 실패했을 때 "그것 봐라. 영화 찍지 말라고 했잖아"라고 말했다면 그 자녀는 순항할 수 있는 힘을 얻을 수 있을까?

주 여호와께서 학자들의 혀를 내게 주사 나로 곤고한 자를 말로
어떻게 도와줄 줄을 알게 하시고⋯ 사 50:4

이사야는 하나님께 학자의 혀를 주셔서 곤고한 지경에 빠져 있
는 자를 말로 도울 수 있게 해달라고 기도했다.

자녀든 그 누구든 사람으로서 모든 것을 해줄 수는 없다. 그러나
기운을 북돋아 주는 말을 해줄 수 있다면, 그 말은 곤고한 지경에 빠
진 사람에게 순항할 수 있는 힘이 되어줄 것이다.

삶의 격을 높이는 말

인상이 좋아서 호감을 갖고 있던 사람이 있었는데, 막상 대화를
나눠 보면 좋은 이미지가 산산이 부서질 때가 있다. 미소만 짓고 있
을 땐 몰랐는데 입을 열자마자 사람이 경박해 보이는 것이다.

반면 크게 눈길이 가지 않았는데 몇 마디 말로 마음을 사로잡으
면서 주위를 숙연하게 만드는 사람이 있다. 이처럼 말은 그 사람의
격을 나타내 보여 준다.

성경에는 말에 대해 이렇게 기록되어 있다.

이와 같이 혀도 작은 지체로되 큰 것을 자랑하도다 보라 얼마나
작은 불이 얼마나 많은 나무를 태우는가 5절

혀는 인체로 따지자면 작은 기관에 불과하다. 그러나 이 혀로 거

대한 일을 할 수 있다. 말 한 마디로 인생의
격을 높일 수 있고, 그 삶을 칭송하게 만들
수도 있다. 반대로 보잘것없는 인생을 만들
수도 있다. 어떤 말을 쓰느냐에 따라 인생의
평가가 달라지는데, 그 평가는 말을 거치기
때문이다. 그러므로 우리는 우리 삶이 주님

> 말 한 마디로 인생의 격
> 을 높일 수 있고, 삶을
> 칭송하게 만들 수도 있
> 다. 반대로 보잘것없는
> 인생을 만들 수도 있다.

안에서 자랑스러워지도록 혀를 길들여야 한다.

넬슨 만델라(Nelson Mandela)가 정치범으로 독방에 수감되면서 고통
은 기다렸다는 듯이 몰려왔다. 수감된 지 4년 되던 해에 그의 어머니
가 돌아가셨는데, 외출을 할 수 없어 장례식에도 참석할 수 없었다.
그리고 몇 년 뒤 아들이 교통사고로 세상을 떠났고, 아내와 딸은 강
제로 흑인 거주 지역으로 끌려갔다. 이런 불안한 환경에서 둘째 딸은
우울증까지 얻어 그의 가족 모두 힘겨운 시간을 보내고 있었다.

넬슨 만델라가 가족을 위해 할 수 있는 일은 아무것도 없었다. 아
버지로서, 남편으로서 그의 마음은 이루 말할 수 없이 괴로웠을 것
이다. 자신만 고통 받으면 되는데, 자신으로 말미암아 온 가족이 고
통을 겪고 있다는 것은 잔인한 아픔이 아닐 수 없었다.

넬슨 만델라가 수감된 지 14년이 되었을 때 큰딸이 찾아와 손녀
의 이름을 지어 달라고 부탁했다. 딸의 부탁에 그는 작은 쪽지 한 장
에 글씨를 쓴 뒤 아무 말 없이 내밀었다. 딸은 쪽지를 조심스럽게 펼
쳐 보더니 그만 눈물을 흘리고 말았다. 그 쪽지에 적힌 이름은 '희
망'이었다.

말은 생각의 집합체라고 했다. 수단이 다를 뿐 글도 생각의 집합체다. 수년 동안 감옥 생활을 하고, 자신으로 말미암아 온 가족이 고통을 겪고 있는 와중에도 손녀의 이름을 '희망'이라고 지었다는 것은 그의 삶을 참으로 자랑스럽고도 멋지게 만들어주었다. 비록 손녀의 이름이었지만, 그 쪽지에 적힌 단어는 넬슨 만델라의 말이었고 삶이었다. 또한 그의 모든 생각이었다. '희망'이라는 단어 하나가 넬슨 만델라라는 사람의 품격을 높여 주었다.

이와 같이 스스로에게 아름다운 말을 해 보라. 그 말이 우리 삶을 참으로 고귀하고 자랑스럽게 만들어줄 것이다.

약이 되는 말

말로써 자랑스러운 삶이 될 수 있다면 우리는 말과 혀를 길들이는 데 힘써야 할 것이다. 그런데 혀가 가진 특성으로 말미암아 이 일이 쉽지만은 않다.

> 혀는 능히 길들일 사람이 없나니 쉬지 아니하는 악이요 죽이는 독
> 이 가득한 것이라 8절

혀는 쉬지 않는 악이자 죽이는 독을 가득 품었다고 말씀한다. 그러나 이것을 뒤집어 생각하면 길들인 혀는 악을 멈추고 살리는 약이될 수도 있는 것이다.

사람은 둘 이상이 모이면 남의 이야기를 하는 것을 즐긴다. 혼자

있다가 누군가를 만나면 특정 사람의 약점이나 단점에 대해 이야기하게 된다. 그러다가 자연스럽게 험담으로 이어진다. 처음에는 별로 관심 없던 사람도 그 말을 듣다 보면 맞장구를 치면서 대화에 참여하는 것을 본다.

성경은 사람마다 혀를 다루는 방법이 다르다는 것을 가르쳐준다.

> 칼로 찌름같이 함부로 말하는 자가 있거니와 지혜로운 자의 혀는 양약과 같으니라 잠 12:18

칼로 찌르는 것처럼 함부로 말하는 사람이 많지만, 우리는 위로부터 지혜를 받아 양약과 같은 말을 해야 한다는 뜻이다.

> 의인의 입은 생명의 샘이라도 악인의 입은 독을 머금었느니라 잠 10:11

주님은 우리가 지혜로운 자가 되기를 원하시며, 의인이 되기를 원하신다. 의인의 입에서 나오는 말은 살리는 말이다.

말 한 마디는 아무것도 아닌 것 같지만 삶을 순항하게 만들 수도 있고, 고통스러운 항해가 되게 만들 수도 있다. 그러므로 우리는 자신의 입에서 나오는 말이 살리는 말이 되도록 혀를 길들여야 한다. 그러면 우리 삶은 자랑거리가 될 뿐 아니라 살리는 양약이 되어 주변 사람들이 새 힘을 얻고 희망을 품게 될 것이다.

3 말과 일치되기

이것으로 우리가 주 아버지를 찬송하고 또 이것으로 하나님의 형상대로 지음을 받은 사람을 저주하나니 한 입에서 찬송과 저주가 나오는도다 내 형제들아 이것이 마땅하지 아니하니라 샘이 한 구멍으로 어찌 단 물과 쓴 물을 내겠느냐 내 형제들아 어찌 무화과나무가 감람 열매를, 포도나무가 무화과를 맺겠느냐 이와 같이 짠 물이 단 물을 내지 못하느니라(약 3:9-12).

우리는 하나님께 찬송을 드리는 사람이다

나쁜 소문은 빨리 전달되는 데 반해 좋은 소식은 전달이 더디거나 중간에서 끊기기도 한다. 그만큼 좋은 말을 하는 것에 익숙하지 않은 것이다. 불행한 소식은 진위를 알아보지도 않고 남에게 잘 전달하면서 다른 사람의 성공 소식은 들은 그 자리에서 그치고 만다.

나는 여호와이니 이는 내 이름이라 나는 내 영광을 다른 자에게,
내 찬송을 우상에게 주지 아니하리라 사 42:8

하나님은 마땅히 그분께 돌려질 영광과 찬송을 받고자 하신다.

그러나 아무에게나 받지 않으시고 하나님과 예수 그리스도를 믿음으로 고백하는 우리를 통해 영광 받기를 원하신다. 예수 그리스도를 구주로 영접한 우리 외에는 하나님께 영광을 돌릴 사람이 없다. 그러므로 우리의 인생 목표는 하나님을 영화롭게 하고 그분께 영광을 돌리는 것이어야 한다.

그런데 하나님이 마땅히 받으셔야 하는 영광과 찬송이 도리어 우리로 말미암아 가려질 때가 있다.

> 이것으로 우리가 주 아버지를 찬송하고 또 이것으로 하나님의 형상대로 지음을 받은 사람을 저주하나니 한 입에서 찬송과 저주가 나오는도다 내 형제들아 이것이 마땅하지 아니하니라 9-10절

하나님께 경배와 찬양을 드리며 영광을 돌리는 것은 신앙인에게 아주 소중하고 중요한 일이다. 이는 하나님과의 관계일 뿐 아니라 신앙의 시작과 마지막이 되는 기본이다. 동시에 신앙인은 하나님을 만난 영적 경험과 은혜를 가지고 세상에 나가서 그 기쁨을 삶으로 나눠야 한다. 그래야 하나님이 온전히 영광을 받으실 수 있다.

하나님과의 교제가 수직적 관계라면 그 교제를 삶 속에서 풀어내어 하나님으로부터 받은 은혜를 사람들과 나누는 것은 수평적 관계다. 하나님과의 교제인 수직적 관계와 사람들과의 수평적 관계가 균형을 이룰

> 하나님과의 수직적 관계와 사람들과의 수평적 관계가 균형을 이뤄야 하나님께 드리는 영광이 더욱 빛을 발할 수 있다.

때 하나님께 드리는 영광이 더욱 빛을 발할 수 있다.

예배의 자리에서 경험한 영적 능력과 말씀을 통해 고백한 은혜가 우리 삶 속에서 드러나지 않으면 하나님은 영광을 받으실 수 없다. 이는 성대한 행사를 끝마치고 난 다음 느끼는 허무함처럼 우리가 예배 때 누렸던 영의 은혜를 무의미하게 만든다.

신앙의 불일치는 말에서부터 시작된다. 하나님을 찬송한 입술이 사람을 저주하고 상처와 고통을 주는 입술이 되기도 한다. 야고보가 하나님의 형상을 입은 사람을 저주하는 것이 옳지 않다고 말했듯이 하나님도 이것을 아주 싫어하신다.

> 너희가 내 앞에 보이러 오니 이것을 누가 너희에게 요구하였느냐
> 내 마당만 밟을 뿐이니라 사 1:12

하나님은 우리에게 많은 제물을 요구하지 않으신다. 그리고 하나님께 드리는 예배는 누구에게 보이기 위한 것도 아니다. 그런데 하나님을 경배한 입술로 욕과 저주를 내뱉는다면 하나님께 드린 예배는 공허해지고 만다. 말씀 그대로 성전 뜰만 밟은 것인데, 입술의 저주로 말미암아 우리의 신앙과 믿음을 쓰레기처럼 짓밟은 것과 같다.

찬송하는 입술로 저주하지 말라

신앙의 불일치를 극복하기 위해 우리가 해야 할 일은 무엇인가?

우리 입에서 저주의 말을 없애야 한다. 거룩한 성전에서 하나님

께 찬송과 경배를 드렸다면 삶 속에서 마주치는 사람에게도 찬송과 일치되는 소리를 들려주어야 한다. 만나는 지체에게 칭찬과 격려, 위로의 말을 들려주라는 것이다. 이 일이 어렵다면 비난이나 저주의 말이라도 하지 말아야 한다. 이는 예수를 믿는 우리에게서 사라져야 할 말이다. 우리 입에서 저주가 사라져야 하는 이유는 거창하지 않다. 그 누구도 아닌 바로 우리 때문이다.

> 그가 저주하기를 좋아하더니 그것이 자기에게 임하고 축복하기를 기뻐하지 아니하더니 복이 그를 멀리 떠났으며 또 저주하기를 옷 입듯 하더니 저주가 물같이 그의 몸속으로 들어가며 기름같이 그의 뼈 속으로 들어갔나이다 시 109:17-18

말은 상대에게 전해지기 전, 우리 자신에게 중요한 영향을 미친다. 우리 입술에서 나오는 말을 가장 먼저 듣는 사람이 바로 우리 자신이기 때문이다. 우리 입술에서 저주를 없애야 하는 이유는 신앙의 불일치를 극복하기 위한 것도 있지만, 우리를 향한 하나님의 긍휼이기도 하다.

사도 바울은 우리가 해야 하는 말에 대해 이렇게 말했다.

> 그러므로 사랑을 받는 자녀같이 너희는 하나님을 본받는 자가 되고 … 음행과 온갖 더러운 것과 탐욕은 너희 중에서 그 이름조차도 부르지 말라 이는 성도에게 마땅한 바니라 누추함과 어리석은

말이나 희롱의 말이 마땅치 아니하니 오히려 감사하는 말을 하라

엡 5:1-4

하나님의 사랑을 받는 자녀는 하나님을 본받는 사람이다. 그러므로 우리는 더러운 말과 저주의 말 대신 감사와 축복이 담긴 말을 해야 한다. 우리 입에서 저주를 제거하고 찬송하는 입술로 바꿀 때 하나님이 영광을 받으시고 우리의 신앙 불일치도 해결될 수 있다.

찬송하는 입술로 칭찬하라

드라마 작가이자 대학교수로 활동 중인 최순식 씨의 칼럼 〈자식의 키는 아버지가 키운다〉를 보면 다음과 같은 내용이 나온다.

어느 날 유명 학원에서 열린 학부모 설명회에서 한 강사가 이런 이야기를 했다.

"자녀 키우기 힘드시죠? 공부 모드로 착실하게 확 바꾸고 싶으시죠? 신이 주신 확실한 방법이 딱 한 가지 있는데…."

"가르쳐 주세요."

"가르쳐 줘도 못 하실 텐데요."

"뭐든 할 수 있어요. 가르쳐만 주세요."

"에이, 못 하실 거예요."

"죽는 것만 아니라면 뭐든 할 수 있다니까요."

"그럼, 칭찬해 주세요. 딱 3개월만 무슨 짓을 하든 야단치지 말고

칭찬해 주세요."

뭔가 특별한 방법을 기대했던 학부모들은 약간 실망한 눈치였다. '고래도 춤추게 한다는 그 칭찬, 그걸 왜 못 해?'라는 표정이었다. 그럼에도 강사는 못 할 것이라고 대못을 박듯 거듭해서 말했다.

그는 감당하기 어려운 골칫덩어리이긴 하지만 자식이니 작심하고 강사의 말을 실천해 보기로 했다. 그날부터 그는 눈에 불을 켜고 칭찬거리를 찾아 열심히 칭찬하려고 애썼다. 아이는 시도 때도 없이 틈만 나면 삐딱선을 탔지만 수양한다는 심정으로 참고 또 참았다. 마음속으로 가자미눈을 한 채 흘겨보면서도 입으로는 칭찬하고 또 칭찬했다. 그러나 강사의 예언은 적중했다. 끝없이 속을 뒤집어놓는 아이에게 결국 폭발하고 만 것이다. 쉬울 것 같았는데 끊임없이 칭찬한다는 것은 정말 어려운 일이었다.

그럼에도 놀라운 경험을 하게 되었다. 억지로 한 칭찬이었지만 하다 보니 자녀에게 관심과 애정이 생기고, 자녀에게 필요한 것이 격려와 위로임을 깨달은 것이다.

칭찬과 격려, 위로는 좋은 말인데도 생각처럼 하기가 쉽지 않다. 예배의 자리에 앉아 보이지 않는 하나님께 손을 들고 감격함으로 찬송드리기는 잘해도 정작 가정이나 일터에서 주변 사람을 칭찬하는 것은 산 하나를 넘는 것처럼 더디고 힘들기만 하다.

'구이경지'(久而敬之)라는 말이 있다. '오래도록 공경하는 마음'이라는 뜻이다. 배우자나 자녀, 부모, 동료 등 익숙하고 편한 관계일지라도 공경하는 마음으로 대해야 좋은 관계가 유지된다. 그러므로 신앙인은 하나님께 아름다운 고백을 드리는 사람답게 주변 사람에게 칭찬하는 말, 향기 나는 말을 남겨주어야 한다.

그러려면 먼저 사람을 보는 우리의 시각이 바뀌어야 한다. 모든 사람은 하나님의 형상대로 지음을 받았다는 것을 잊어선 안 된다. 이것을 전제로 사람과 마주해야 신앙의 불일치를 극복할 수 있다. 사람을 만날 때 하나님과의 만남을 생각하며 입술을 다스리고, 하나님께 찬송하듯 하나님의 형상을 닮은 사람에게 칭찬과 격려의 말을 들려주어야 한다.

우리가 누구인지 늘 생각하라

남에게 좋은 말을 하기 위해 신앙인으로서 해야 할 일은 무엇인가?

> 내 형제들아 어찌 무화과나무가 감람 열매를, 포도나무가 무화과를 맺겠느냐 이와 같이 짠 물이 단 물을 내지 못하느니라 12절

무화과나무가 무화과 열매를 맺고, 포도나무가 포도 열매를 맺듯이 우리는 어떤 존재가 되어야 하는지 물음에 답할 수 있어야 한다. 우리는 어떤 존재가 되면 저절로 그 특성이나 독특한 경향이 나타나게 되는데, 이것을 정체성이라고 한다. 정체성을 바르게 하면 자연스럽게 그에 걸맞은 삶이 만들어진다. 그러므로 우리는 자신이 어떤 존재인지 늘 묵상해야 한다. 우리는 하나님의 형상대로 지음을 받아 구

원의 은혜를 입은 사람으로서 신앙인의 지조를 지켜 결실을 맺어야 한다.

청록파 시인으로 널리 알려진 조지훈은 선비 정신을 강조했다. 그가 쓴 《지조론》에 보면 이런 글이 나온다.

우리는 어떤 존재가 되어야 하는지 물음에 답할 수 있어야 한다. 정체성을 바르게 하면 자연스럽게 그에 걸맞은 삶이 만들어진다.

"학자, 문인까지도 지조를 헌신짝같이 여기는 사람이 생기게 되었으니 변절하는 정치가들도 우리쯤이야 괜찮다고 자위할지도 모른다. 그러나 지조는 어느 때나 선비의 생명이며, 교양인의 생명이고, 지도자의 생명이다. 이런 사람들이 지조를 잃고 변절한다는 것은 스스로 그 맡은 바를 포기하는 것이다."

우리가 신앙의 지조를 잃어버리면 하나님께로부터 맡은 바를 포기하는 것이다. 신앙의 지조는 우리 생명과도 같은 것이다. 그런데 요즘 신앙인의 지조가 헌신짝처럼 버려지고 있다. 정직한 신앙인을 찾아보기 어려울 뿐 아니라 말과 행동으로 신앙인임을 드러내는 사람을 만나기가 대단히 어렵다. 무화과나무만이 무화과 열매를 맺고, 포도나무만이 포도 열매를 맺듯이 신앙의 지조를 붙잡지 않고는 신앙의 아름다운 열매를 맺을 수 없다.

우리는 성령의 능력을 사모함으로 우리 입술에서 찬송과 아름다운 고백과 감사의 말이 나오도록 기도해야 한다. 한 종류의 말만 나오도록 입술을 잘 다스려야 신앙인다운 영예를 누리고, 하나님께 영광 돌리는 인생이 될 수 있다.

Chapter 2

같이하는
신앙인

1   공평하신 하나님처럼

내 형제들아 영광의 주 곧 우리 주 예수 그리스도에 대한 믿음을 너희가 가졌
으니 사람을 차별하여 대하지 말라 만일 너희 회당에 금가락지를 끼고 아름다
운 옷을 입은 사람이 들어오고 또 남루한 옷을 입은 가난한 사람이 들어올 때
에 너희가 아름다운 옷을 입은 자를 눈여겨보고 말하되 여기 좋은 자리에 앉으
소서 하고 또 가난한 자에게 말하되 너는 거기 서 있든지 내 발등상 아래에 앉
으라 하면 너희끼리 서로 차별하며 악한 생각으로 판단하는 자가 되는 것이 아
니냐(약 2:1-4).

신앙 훈련은 반복이 중요하다

신앙생활을 하는 가운데 가끔 생각지도 못한 회의감에 빠질 때
가 있다. 오랫동안 말씀을 전해 왔음에도 너 나 할 것 없이 크게 변
화되지 않는 모습과 마주하면 깊은 회의감이 몰려온다. 어떻게 하면
예수 믿는 사람들이 예수 믿는 사람답다는 말을 들을 수 있을까?

예수님을 오래 믿었다고 해서 삶이 완전히 달라지는 것은 아니
다. 하나님의 은혜로 구원의 기쁨을 알게 되었음에도 그 기쁨의 삶
을 지속하는 것은 대단히 어려운 일이다. 걸을수록 발이 더러워지듯
죄성은 시시때때로 털어내지 않으면 인식하지 못하는 사이 우리 삶
에 기생하며 세력을 키우기 때문이다.

많은 신앙인이 이 문제로 고민하고 있을 것이다. 우리가 신앙인다운 삶을 살기 위해선 끊임없는 훈련이 필요하다. 훈련하지 않으면 능력이 생기지 않는다. 야고보서는 신앙인으로서 해야 할 훈련에 대해 반복적으로 말하고 있다.

> 신앙인다운 삶을 살기 위해선 끊임없는 훈련이 필요하다. 훈련하지 않으면 능력이 생기지 않는다.

어느 기자가 인터뷰하기 위해 남산의 한 레스토랑에서 가수 패티김과 그녀의 딸을 만났다. 편안한 분위기에서 대화가 오가는 도중 식사하던 딸이 엄마인 패티김에게 질문했다.

"엄마는 뭐가 그리 좋아서 날마다 세 시간씩 헬스클럽에 가는 거야? 운동이 그렇게 좋아?"

딸의 질문에 패티김은 이렇게 대답했다.

"죽기보다 귀찮을 때도 있지만 하루도 빠지지 않고 헬스클럽에 나가는 건 다 이유가 있지. 지금까지 전성기 때 목소리를 유지하면서 노래할 수 있는 가수가 되기 위해 얼마나 많은 것이 필요한지 넌 모를 거야. 그래서 죽기보다 싫을 때도 있지만 운동하러 헬스클럽에 가는 거야."

두 모녀의 이야기를 들은 기자는 다음과 같은 뒷이야기를 남겼다.

"그날 담담했던 패티김의 얼굴이 지금도 잊히지 않는다. 지금까지 목소리를 유지하고 몸매를 유지하기 위해 날마다 두세 시간씩 헬스클럽에 투자하지 않으면 자기를 지킬 수 없는 훈련의 삶. 그 삶 속에서 당당했던 그녀의 모습을 잊을 수가 없다."

때로는 죽기보다 싫을 때도 있지만 운동을 위해 하루도 빠지지 않고 헬스클럽으로 발걸음을 옮기는 것, 이것이 바로 가수 패티김이 나이가 들어서도 우아한 몸매와 전성기 때의 목소리를 유지하는 비결이었다.

또한 패티김은 땅을 밟은 신을 신고 절대 무대에 오르지 않았다고 한다. 흙 묻은 신발로 신성한 무대 위에 올라가선 안 된다는 것이 그녀의 소신이었다. 어떤 일을 지속적으로 꾸준히 하는 것은 불편을 감수하고 뼈를 깎는 인고의 시간을 거쳐야 하지만 그녀가 무대에서 변함없이 카리스마를 보여줄 수 있었던 것은 이런 훈련에 시간과 열정을 과감히 투자했기 때문이다.

우리도 구원 받은 백성으로서 기쁨을 누릴 뿐 아니라 그 구원의 감격을 전하는 삶이 되려면 신앙인다운 훈련을 거쳐야 한다. 성경은 신앙인다운 훈련을 하기 위한 지침이 되는 가장 완벽한 책이다.

공정한 눈, 겉모습보다 마음의 중심을 보라

오래전 시카고의 한인 교회에 처음 부임했을 때 교인들로부터 종종 이런 질문을 받았다.

"목사님, 고향이 어디세요?"

그때마다 나는 고향이 없다고 말했다. 그저 하늘나라를 고향 삼아 살아갈 뿐이라고 답했다.

시카고의 교회는 지역적 특성이 강한 곳으로 대부분의 교인이 그 지역 사람이었고, 목회자와 장로 역시 그 지역 사람이었다. 그러다 보니 어떤 성도는 이 지역 사람이 아닌데, 어떻게 이 지역 교회에 왔느냐고 묻기도 했다.

우리나라 사람들은 처음 만나는 자리에서 출신 지역을 묻는 질문을 많이 한다. 출신 지역으로 그 사람의 됨됨이를 알 수 있는 것도 아닌데 자신과 같거나 가까운 지역이면 더 친근하게 대하고, 그게 아니면 데면데면하게 지내기도 한다.

신앙인다워지려면 공정해지는 훈련을 거쳐야 한다. 하나님은 공정한 분이시기 때문이다. 그래서 성경은 차별 의식에 대해 강력히 반대한다.

> 내 형제들아 영광의 주 곧 우리 주 예수 그리스도에 대한 믿음을 너희가 가졌으니 사람을 차별하여 대하지 말라 1절

돈이 많든 적든, 학벌이 좋든 그렇지 못하든 차별해서는 안 된다. 우리 모두는 하나님의 자녀로 똑같이 인침 받았기 때문이다. 그러므로 교회 공동체는 세상과 달라야 한다.

차별은 특정한 사람이나 특정한 그룹을 우호적으로 대하는 것이다. 자기를 지지하거나 자기와 같은 연고를 가진 사람에게만 우호적으로 행동할 때 차별한다고 말한다. 물론 우호적으로 대하는 것이 나쁜 것은 아니다. 잘못된 것도 아니다. 그러나 '누군가에게만'이라고 대상을 제한한다면 그것은 차

> 신앙인다워지려면 공정해야 한다. 특정한 그룹에게 특별히 우호적인 것은 차별이다.

별이 된다.

개역한글 성경을 보면 "사람을 차별하여 대하지 말라"는 구절을 "사람을 외모로 취하지 말라"고 번역했다.

얼굴이나 차림새, 출신 지역, 학벌 등 단순한 정보로 상대방이 내 편이 되어줄 거라고 생각하거나 나와 함께할 수 있다고 생각하는 것은 차별이다. 이처럼 차별은 겉모습만 보았을 때 생기고, 짧은 순간에 결정된다.

우리는 누군가가 자신과 공통점이 있으면 쉽게 가까워진다. 말투가 비슷하거나 같은 고향, 같은 학교, 같은 직업 등으로 편을 가른다. 세상 사람들의 말처럼 유유상종한다.

그러나 예수 믿는 사람은 하나님 앞에서 공정한 시각을 갖도록 노력해야 한다. 비록 가깝지 않은 관계일지라도 우리는 있는 그대로를 볼 줄 알아야 한다.

> 여호와께서 사무엘에게 이르시되 그의 용모와 키를 보지 말라 내가 이미 그를 버렸노라 내가 보는 것은 사람과 같지 아니하니 사람은 외모를 보거니와 나 여호와는 중심을 보느니라 하시더라
> 삼상 16:7

하나님은 사람을 외모로 보지 않으시고 마음의 중심을 보신다. "반짝인다고 다 금은 아니다"(All is not gold that glitters)라는 말이 있다. 겉으로 드러난 것만으로 그 사람을 알 수 없다는 뜻의 외국 속담이다.

외모가 출중하고 행동에 기품이 있어 호감을 갖고 대했는데 오랜 시간 함께하다 보니 첫인상과 전혀 다른 사람인 것을 알게 될 때가 있다. 이렇듯 외모는 겉으로 드러나서 판단하기가 쉽지만, 상대의 중심을 알기까지는 오랜 시간이 필요하다. 그러므로 우리는 사람에 대해 함부로 판단해서는 안 된다. 쉽게 판단하는 경우 자칫 차별하기 쉽다.

존경의 눈, 공평한 시각으로 눈여겨보라

부부 사이에서 성형 수술을 두고 종종 싸움이 일어난다고 한다. 아이를 낳았는데 닮은 곳이 전혀 없는 것이다. 그래서 결혼할 때 어린 시절의 사진을 요구하는 사람이 있다고 한다. 우스갯소리 같지만 그만큼 세상은 외모에 예민하게 반응하고 많은 영향을 받는다.

그러나 성경은 사람을 외모로 취하지 말라고 말씀한다. 외모를 떠나 우리는 누구든 똑같이 대하도록 훈련해야 한다. 공평한 시각을 가진 신앙인이 되라는 뜻으로, 성경은 우리에게 중요한 한 가지를 가르쳐준다.

> 만일 너희 회당에 금가락지를 끼고 아름다운 옷을 입은 사람이 들어오고 또 남루한 옷을 입은 가난한 사람이 들어올 때에 너희가 아름다운 옷을 입은 자를 눈여겨보고 말하되 여기 좋은 자리에 앉으소서 하고 또 가난한 자에게 말하되 너는 거기 서 있든지 내 발등상 아래에 앉으라 하면 2-3절

공평한 시각을 가지려면 부요함의 잣대로 사람을 평가해선 안 된다. 세상은 돈으로 사람을 평가하려고 한다. 요즘 가정형편에 따라 '흙수저' 혹은 '금수저'라고 하면서 사람의 등급을 나눈다. 가진 것이 많고 적음에 따라 그 사람의 가치를 매기는 것이다. 좋은 집은 비싼 집이고, 좋은 옷은 비싼 옷이 되었다. 또한 좋은 배우자 감의 조건 가운데 하나가 돈을 잘 벌어야 한다는 것이다. 대놓고 말하지는 않지만 자녀의 배우자가 될 사람이 돈을 잘 못 번다고 하면 선뜻 결혼을 허락하기가 쉽지 않다.

성경에 나오는 '아름다운 옷'은 비싼 재료로 만들어진 옷이다. '금가락지'는 요즘으로 따지면 다이아몬드 반지에 비유될 수 있을 것이다. 어느 누구도 가진 것으로 사람을 평가할 권리가 없는데, 우리 시각은 그렇게 고정되어 있다. 우리는 이 부요함에 대한 고정된 시각을 빨리 교정해야 한다.

> 예수 믿는 사람으로서 공평한 시각을 가지려면 자신이 무엇을 존경하는지 점검해 보아야 한다.

3절에서 '눈여겨보다'는 존경하는 눈으로 바라본다는 뜻을 가지고 있다. 예수 믿는 사람으로서 공평한 시각을 가지려면 자신이 무엇을 존경하는지 점검해 보아야 한다.

어느 문화평론가는 20세기에서 21세기로 넘어가면서 미국 문화에 어떤 변화가 있었는지를 분석했다. 20세기 미국은 당시 배출된 위대한 예술가들을 보면서 감동한 시대였다고 한다. 예를 들면 루빈스타인(Artur Rubinstein)의 피아노 연주를 들을 때 감동하고, 그가 있음으로 사람들은 행복함을 느꼈다.

그런데 21세기에 접어들자 사람들은 경제를 움직이는 사람에 주목하게 되었다. 대표적인 사람이 스티브 잡스(Steve Jobs)인데, 사람들은 그를 보면서 현재 자신이 사는 환경이 불행하다고 여긴다는 것이다. 돈과 경제를 삶의 기준으로 삼았기 때문이다. 이는 비단 미국만의 일이 아니다. 사람을 부요함의 잣대로 평가하는 이야기는 우리나라에서도 예삿일이다.

그런데 주님은 비유 한 가지를 통해 우리의 잘못된 시각을 고쳐 주신다. 부요함이 차고 넘친 한 부자는 창고가 부족해 하나를 더 짓기로 했다. 그러면서 그는 지금까지 부지런히 일해 많이 벌었으니 이제부터 평안하게 쉬고 먹고 마시고 즐기기로 결심했다. 그에게 행복한 인생은 부요함이 넘치는 삶이고, 모든 것을 부요함의 잣대로 생각했던 것이다.

하나님은 그에게 이렇게 말씀하셨다.

> 어리석은 자여 오늘 밤에 네 영혼을 도로 찾으리니 그러면 네 준비한 것이 누구의 것이 되겠느냐 눅 12:20

하나님은 즐거움을 위해 준비한 이 부요함이 진정으로 즐거움을 줄 수 있는지 생각해 보라고 말씀하신 것이다. 우리는 부요함으로 행복을 보장 받고, 기쁨을 누리는 인생이 될 것이라고 생각한다.

그러나 예수 믿는 우리는 눈에 보이는 것 너머 보이지 않는 곳에 그보다 더 값진 것이 있음을 믿음의 눈으로 바라볼 수 있어야 한다.

제갈량에게는 어렵게 얻은 아들이 있었다. 처음에는 아들이 생기지 않아서 형 제갈근의 아들을 입양해 키웠는데, 뒤늦게 아들을 본 것이다. 제갈량은 그 아들의 이름을 '볼 첨'(瞻) 자를 써서 제갈첨이라고 지었다. 제갈량이 옛글을 읽다가 '고첨원촉'(高瞻遠囑)이라는 글을 발견하고 지은 이름이었다. 여기서 고첨원촉은 '높이 봐야 멀리 본다'는 뜻이다. 높은 곳을 봐야 멀리 있는 것을 볼 수 있고, 그러면 이해할 수 있는 지경이 넓어진다는 것이다.

예수 믿는 사람이라면 고상한 것을 볼 수 있어야 한다. 눈에 보이는 이 땅의 물질보다, 보이지 않지만 높은 가치를 가진 것을 볼 수 있어야 한다. 그래서 행색에 따라 달라지는 눈이 아니라 공평함을 가지고 존경의 눈으로 봐야 한다.

> 눈에 보이는 것 너머 보이지 않는 곳에 그보다 더 값진 것이 있음을 믿음의 눈으로 봐야 한다.

그러지 않으면 우리는 차별하여 악한 생각으로 판단하는 자가 된다.

차별은 죄악이다

몇 년 전 국내에서 판매되던 유모차들 가운데 벤츠 유모차가 있었다. 그것은 벤츠 회사가 아닌 네덜란드의 유아용품 제조회사가 만든 제품이었다. 독특한 모양으로 부모들의 눈길을 끌었으나 선뜻 지갑을 열기에 부담이 되는 가격이었다. 백화점 가격으로 189만 원을 호가했는데, 아이러니하게도 부모들 사이에서 '명품 유모차'로 불리며 인기가 좋았다고 한다.

부모는 내 아이에게 더 좋은 것을 해주고 싶은 마음에 비싼 것을 선호한다. 비싼 물건에 특별함을 느끼기 때문이다. 그런데 안타깝게도 이 유모차는 다른 나라와 비교했을 때 우리나라에서 2배 가까이 비싼 가격에 팔렸다고 한다.

이는 유모차에 국한된 이야기가 아니다. 우리나라에 수입되는 물품은 다른 나라보다 유독 비싼 값에 팔린다. 이익을 창출하려는 판매자들이 우리나라 사람들이 가진 인식을 이용한 것이다. 그런데 우리는 왜 물건의 가치에 비해 값이 비싸다는 사실을 알면서도 이런 물품을 선호하는가?

태어난 지 얼마 되지 않은 아이가 명품 유모차에 앉는다고 해서 색다름을 느끼거나 고가의 가치를 느끼는 것은 아니다. 물론 비싼 물건을 사는 것을 문제 삼는 것이 아니다. 남보다 더 좋은 것을 갖고 싶고, 비싼 물건을 몸에 둘러야 차원이 다른 삶을 사는 쾌감을 느낀다면 그것은 차별이 된다.

성경은 차별에 대해 이렇게 말씀한다.

> 너희끼리 서로 차별하며 악한 생각으로 판단하는 자가 되는 것이
> 아니냐 4절

차별은 단순한 문제가 아니다. 죄악의 문제다. 예수 믿는 사람은 누구를 봐도 차별하지 않기 위한 훈련을 해야 한다. 차별의 시각을

내려놓을 수 있어야 한다. 그래야 신앙인다움을 회복할 수 있다.

차별이 죄악임을 깨달아 그것으로부터 벗어나려고 노력하는 공동체가 성공적으로 정착한다면 우리는 주님이 원하시는 공동체가 될 수 있다. 일상생활에서 차별하는 마음이 들거나 부요함으로 모든 것을 판단하려는 생각이 들 때마다 악한 생각이라고 했던 야고보서의 말씀을 떠올리며 그런 일을 피할 수 있기를 바란다.

2   내 이웃을 내 몸과 같이

내 사랑하는 형제들아 들을지어다 하나님이 세상에서 가난한 자를 택하사 믿음에 부요하게 하시고 또 자기를 사랑하는 자들에게 약속하신 나라를 상속으로 받게 하지 아니하셨느냐 너희는 도리어 가난한 자를 업신여겼도다 부자는 너희를 억압하며 법정으로 끌고 가지 아니하느냐 그들은 너희에게 대하여 일컫는 바 그 아름다운 이름을 비방하지 아니하느냐 너희가 만일 성경에 기록된 대로 네 이웃 사랑하기를 네 몸과 같이 하라 하신 최고의 법을 지키면 잘하는 것이거니와 만일 너희가 사람을 차별하여 대하면 죄를 짓는 것이니 율법이 너희를 범법자로 정죄하리라(약 2:5-9).

공동체는 하나 될 때 힘을 갖는다

공동체는 각 구성원이 하나 될 때 의미를 갖는다. 사회에서 가장 작은 공동체는 가정이다. 가정을 이루는 가족 구성원이 하나 되지 못한다면 그 공동체는 깨진 것이나 다름없다. 그래서 여러 가지 이유로 사이가 나빠진 부부가 헤어지는 것을 깨진 거울에 비유해 '파경'(破鏡)이라고 말하기도 한다. 이처럼 공동체는 온전하게 비춰 주는 하나의 거울과 같아서 깨지면 그 역할을 상실하고 만다.

> 공동체는 온전하게 비춰 주는 하나의 거울과 같아서 깨지면 그 역할을 상실한다.

예수님은 자신을 아버지인 하나님과 하나라고 말씀하셨다. 그리고 보내실 성령과도 하나라고 말씀하셨다. 세워진 자리는 다르지만 하나인 것을 삼위일체라고 한다.

사도 바울도 이것을 끊임없이 강조했다.

> 몸이 하나요 성령도 한 분이시니 이와 같이 너희가 부르심의 한 소
> 망 안에서 부르심을 받았느니라 주도 한 분이시요 믿음도 하나요
> 세례도 하나요 하나님도 한 분이시니 곧 만유의 아버지시라 만유
> 위에 계시고 만유를 통일하시고 만유 가운데 계시도다 엡 4:4-6

공동체는 구성원들이 하나 될 때 힘을 발휘할 수 있다. 하나 되지 못하면 그때부터 공동체는 혼란과 분열을 경험하다가 결국에는 와해되고 만다. 완전히 무너지는 것이다.

그렇다면 공동체를 하나 되지 못하도록 방해하고 무기력한 공동체로 전락하게 만드는 원인은 무엇인가?

차별은 공동체를 무너뜨린다

앞서 차별에 대한 이야기를 나눴다. 혹시 차별을 당해 본 적이 있는가? 외모나 재력, 학벌 등의 이유로 차별을 경험해 보지 않았는가? 아니면 반대로 누군가를 차별한 적은 없었는가? 상대가 보잘것없다는 생각에 말투가 달라졌다거나 자신보다 못하다는 생각에 하대한 적은 없었는가?

한 정치인이 건물을 지키는 경비원에게 '너 까짓것'이라고 발언한 일로 논란이 된 적이 있다. 그런 말을 들은 경비원이 과연 그 정치인에 대해 '우리나라를 위해 좋은 리더가 되어 일했으면 좋겠다'라고 생각했겠는가? 절대 이런 생각을 하지 않았을 것이다. 단지 직종이 다르다는 이유로, 자신의 기준에 따라 상대의 직업을 평가해 사람을 함부로 대하는 것 역시 차별이다.

우리는 차별을 받는다고 말하지만 차별하면서 살기도 한다. 차별을 받으면서 고통을 느끼기도 하고, 차별하면서 쾌감을 느끼기도 한다.

차별에는 '선을 그어 구별하고 나눈다'라는 뜻이 담겨 있다. 그래서 공동체 안에 차별이 생기면 하나 되지 못한다. 교회 공동체 내에서도 차별 문제는 심각하다. 성경은 악한 생각으로 사람을 차별한다고 말씀하고 있다. 그러면서 그 악하다는 것을 더 강력하게 표현하고 있다.

> 만일 너희가 사람을 차별하여 대하면 죄를 짓는 것이니 율법이 너희를 범법자로 정죄하리라 9절

성경은 차별하는 행동에 대해 악하다 못해 죄를 지어 범법자가 되는 것이라고 말씀한다.

지역이 다르다는 이유로, 같은 말투를 사용하지 않는다는 이유로, 자신보다 부요하게 보인다는 이유로 우리는 다른 사람들을 알게

모르게 차별한다. 교회 공동체 안에서도 부요함이라는 기준에 따라 차별이 나타난다. 아름다운 옷을 입고 금가락지를 끼고 들어오는 사람들에게는 좋은 자리에 앉으라고 말하지만 행색이 초라해 보이는 사람에게는 별 관심을 갖지 않는다는 말씀과 크게 다르지 않은 것이다. 이런 차별로 말미암아 교회 공동체는 공동체다움을 잃게 된다.

하나님은 약속하신 나라를 상속받게 될 상속자로 우리를 불러주셨다(5절). 그런데 단지 부요하다는 조건 때문에, 자신이 남들과 비교해 더 낫다는 이유 때문에 차별하는 마음과 행동을 갖는다면 그것은 공동체를 무너뜨리는 일이다.

우리는 왜 그처럼 부요함에 관심이 많은 걸까? 물론 부요함이 나쁜 것은 아니지만, 그 부요함이 차별로 발전하기 때문에 문제가 되는 것이다. 그러다 보니 사람들은 차별당하지 않기 위해 더 부요해지기를 소원한다. 자연스럽게 부요함이 우리의 관심 대상이 되는 것이다. 그래서 부요함을 얻어 차별당하지 않으면 기뻐하고 동시에 차별할 수 있는 자리에 오른 것을 뿌듯해하는 것이다. 우리는 부요함의 껍데기에 집중하고 있는 건 아닌지 자신을 점검해 보아야 한다.

알베르트 아인슈타인(Albert Einstein)은 인류의 과학 발전에 큰 기여를 하기도 했지만, 삶을 통찰한 명언을 많이 남긴 것으로 유명하다. 다음은 그가 남긴 명언 가운데 이런 말이 있다.

"중요한 것은 질문을 중단하지 않는 것이다. 호기심이 필요한 것은 이 때문이다. 사람들이 영원성, 인생, 존재의 놀라운 구조에 대해 묵상할 때마다 경외감에 빠지는 것은 놀라운 일이 아니다. 만약 사람이 하루하루 이 신비로움의 극히 작은 부분이라도 이해하려고 애쓴다면 그것만으로도 충분하다. 절대로 신성한 호기심을 잃지 마라."

과학의 원리를 이용해 진리를 찾아내는 과학자로서 당연한 이야기를 한 것 같지만, 그는 영원한 것에 관심을 가지며 끊임없이 질문하기를 당부했다.

아인슈타인의 말을 빌려 다시 말하면 우리는 살면서 '부요함이 영원한 가치가 있는가?' '생명을 겨우 부요함 하나만으로 평가할 수 있는가?'라는 질문을 할 수 있어야 하고, 그에 따른 깊은 통찰도 필요하다. 누구든지 이 신비함을 이해하려고 하면 할수록 경외하는 마음을 갖게 될 것이며, 하루를 잘 살았다고 말할 수 있을 것이다. 우리는 아인슈타인의 말처럼 신성한 관심을 잃지 말아야 한다.

> 살면서 영원한 가치가 뭔지 질문할 수 있어야 하고, 그에 따른 깊은 통찰도 필요하다. 그러므로 우리는 신성한 관심을 잃지 말아야 한다.

부요함으로 영원한 가치를 증명할 수 있는 사람은 아마 없을 것이다. 부요함은 신성함을 가지고 있지 않기 때문이다. 이것이 보이는 것으로 사람을 차별해선 안 되는 이유다. 겨우 부요함 하나로 사람을 차별한다면 신앙인다움은 세워지지 않을 것이다. 신성한 관심에는 눈과 귀를 덮고 살면서 부요함의 껍데기로 말미암아 고통을 받고 또 고통을 주며 사는 것은 신앙인으로서도, 사람 그 자체로서도 삶의 격을 떨어뜨리는 일이다.

신앙인은 하나님 때문에 거룩한 눈을 가지고, 하나님 때문에 신성한 음성을 듣고자 하는 귀를 가지고, 하나님 때문에 그분을 찬양하고자 고귀한 입술을 가진 사람이다. 그리고 부요함보다 더 고귀하고, 신성하고, 경이로운 것에 관심을 갖는 사람이다. 이것은 부요함이 주는 차별의 고통과 쾌락을 뛰어넘을 수 있게 해준다.

차별은 예수를 비방하는 일이다. 성경은 부요함이 주는 차별 문제가 왜 심각한지, 그 실제적 이유에 대해 이렇게 말씀한다.

> 그들은 너희에게 대하여 일컫는 바 그 아름다운 이름을 비방하지 아니하느냐 7절

> 차별은 가난하고 보잘 것없는 우리를 욕하는 것을 넘어 우리 안에 품고 있는 예수 그리스도를 욕하는 것이다.

부요함으로 차별하는 것을 멈춰야 하는 가장 큰 이유는 우리 안에 있는 존귀한 이름인 예수 그리스도를 욕되게 하는 일이기 때문이다.

차별은 가난하고 보잘것없는 우리를 욕하는 것을 넘어 우리 안에 품고 있는 예수 그리스도를 욕하는 것이다. 그래서 부요함을 차별의 도구로 쓰는 사람은 하나님을 두려워하지 않는 것이다. 하나님이 주신 생명보다 부요함의 가치를 더 높이는 것, 이것이 차별이 주는 함정이다.

영어로 백만장자는 '밀리어네어'(millionaire), 억만장자는 '빌리어네어'(billionaire)라고 한다. 여기에 십대에 백만장자가 된 파라 그레이(Farrah Gray)는 '리얼리어네어'(reallionaire)라는 단어를 만들어 의미를 이렇게 설명했다.

"돈은 그냥 소유하기 위한 게 아님을 깨달은 사람, 주머니만 채우는 게 아니라 마음도 채우는 것이 성공임을 아는 사람을 '리얼리어네어'라고 한다."

주머니에 부를 채우지만, 그보다 더 가치 있는 마음과 영혼을 담으려는 사람이 진정한 부자인 것이다. 그러나 주머니를 마음과 영혼이 아닌 돈으로만 채우려는 사람은 차별의 함정에 빠져 부요함보다 더 크신 하나님을 보지 못하고, 영적으로 가난하게 된다.

부요함을 섬김의 도구로 쓰라

차별이 주는 두 번째 함정은 부요함으로 긍휼을 베푸는 것이 아니라 도리어 가난한 사람들을 억압하고 착취하는 도구로 쓴다는 것이다.

> 너희는 도리어 가난한 자를 업신여겼도다 부자는 너희를 억압하며 법정으로 끌고 가지 아니하느냐 6절

부요함은 긍휼의 도구가 되어야 하며, 살리는 도구가 되어야 한다. 그런데 왜 사람들은 부요해지면 더 넉넉하게 베풀 수 있는데도 오히려 억압과 착취의 도구로 사용하는가?

하나님이 부요함을 허락해 주셔서 그 좋은 것으로 긍휼을 베풀면 공동체가 하나 되어 힘을 발휘할 것이다. 그런데 문제는 이 부요함이 차별의 도구가 되어 공동체를 더욱 무력화시킨다는 점이다.

목사이자 탁월한 강연자로 알려진 존 맥스웰(John C. Maxwell)의 《사람은 무엇으로 성장하는가》(비즈니스북스 역간)에는 그의 아버지에 대한 이야기가 실려 있다.

> 존 맥스웰의 아버지도 목사였는데, 은퇴하고 나이 팔순이 넘어 요양원에 들어갈 준비를 했다. 마침 집 근처에 새 요양원이 생겨 공사가 거의 끝나가고 있을 때, 아버지는 아들에게 이렇게 말했다.
> "얘야, 저 요양원이 문을 열면 내가 일등으로 들어가야겠구나!"
> "아버지, 요양원에 왜 일등으로 들어가려고 하시는 거예요?"
> 의아해하는 아들에게 아버지는 이렇게 대답했다.
> "얘야, 이건 나에게 중요한 문제란다. 요양원이 문을 열면 아마도 나이 많은 사람들이 들어오겠지. 그런데 낯선 환경이라 다들 기가 죽어 있을 거야. 그러니 내가 가장 먼저 정착해서 충분히 익숙해진 다음에 다른 사람들이 들어오면 그들을 친절하게 맞이해 주고, 낯설어 하지 않도록 이곳저곳 안내해 줄 수 있지 않겠니? 그러면 그들도 안심할 거야! 그러니 내가 일등으로 들어가야 해."

아들은 자신의 아버지가 참 좋은 본보기라고 기록했다.

가진 것이 풍부하면 부요한 사람이다. 여기서 가진 것은 재물뿐 아니라 재주, 지능, 건강이 될 수도 있다. 자신에게 어떤 부요함이나 탁월함, 기회 등 좋은 것이 주어졌다면 그것은 하나님의 이름을 높이고 주변의 어려운 사람을 돕기 위한 것임을 기억해야 한다. 하나

님이 우리에게 좋은 것을 주신 것은 우리
자신을 자랑하기 위함이 아니라 하나님의
이름이 아름답게 빛남으로 모두가 유익해
지기를 원하시기 때문이다.

> 자신에게 좋은 것이 주
> 어졌다면 그것은 하나
> 님의 이름을 높이고 주
> 변의 어려운 사람을 돕
> 기 위한 것임을 기억해
> 야 한다.

　이처럼 우리가 가진 것을 차별이 아닌
섬기는 일에 쓴다면 공동체를 하나 되게 만
드는 힘이 될 것이다. 또한 작은 밑거름이 건강하고 풍성한 열매를
맺는 것처럼 이를 본받은 다음 세대가 더 아름다운 일을 할 수 있는
발판이 되어줄 것이다.

믿음을 부요하게 하라

　성경은 부요함을 차별의 도구로 쓰게 되면 가난한 자를 억압하
여 법정으로 데리고 가는 것과 마찬가지라고 했다. 그리고 부요함이
차별이 아닌 섬김의 도구가 되게 하려면 어떻게 해야 하는가에 대하
여 다음과 같이 친절히 알려주고 있다.

> 내 사랑하는 형제들아 들을지어다 하나님이 세상에서 가난한 자
> 를 택하사 믿음에 부요하게 하시고 또 자기를 사랑하는 자들에게
> 약속하신 나라를 상속으로 받게 하지 아니하셨느냐 5절

　부요함을 차별의 도구로 쓰지 않기 위해 우리에게 필요한 것은
믿음의 부요함이다. 믿음의 부요가 세상의 부요를 덮는다면, 그때

믿음의 부요가 세상의 부요를 덮는다면, 우리의 삶은 신앙인다움으로 회복되어 하나님이 약속하신 나라를 상속받게 될 것이다.

우리 삶은 신앙인다움으로 회복되어 하나님이 약속하신 나라를 상속받게 될 것이다.

축구선수 기성용은 믿음이 좋은 가정에서 자랐다. 그래서 지금도 주일에 원정 경기가 있으면 그 지역의 한인 교회에서 예배를 드린다고 한다. 그는 가족들에게 이런 말을 했다고 한다.

"스포츠 선교사의 사명을 갖고 성령 충만한 삶을 살도록 노력하겠다. 내 달란트가 하나님께 영광을 돌리는 데 사용되었으면 한다."

기성용 선수의 사인을 보면 그의 이름 위에 'Jesus'가 쓰여 있다. 이 사인에 대해 그의 어머니는 이렇게 말했다.

"성용이는 항상 사인 위에 'Jesus'라고 써요. 자신의 이름 위에 쓰는 이유는 항상 예수님을 높여드려야 한다고 생각하기 때문이죠. 이처럼 자신을 먼저 드러내는 법이 없어요."

믿음에 부요한 자가 되는 것은 영을 위해서도, 삶을 위해서도 유익하다. 하나님이 우리에게 어떤 좋은 것을 공급하셨다면 그것이 무엇이든 부요함은 차별의 도구가 아닌 공동체의 파수꾼 역할을 감당하게 될 것이다. 그리고 하나님은 믿음이 부요한 자에게 약속하신 나라를 유업으로 상속받도록 하실 것이다.

3 우리가 긍휼을 받음같이

> 누구든지 온 율법을 지키다가 그 하나를 범하면 모두 범한 자가 되나니 간음하지 말라 하신 이가 또한 살인하지 말라 하셨은즉 네가 비록 간음하지 아니하여도 살인하면 율법을 범한 자가 되느니라 너희는 자유의 율법대로 심판 받을 자처럼 말도 하고 행하기도 하라 긍휼을 행하지 아니하는 자에게는 긍휼 없는 심판이 있으리라 긍휼은 심판을 이기고 자랑하느니라(약 2:10-13).

우리는 하나님의 긍휼로 여기 있는 것이다

긍휼은 하나님의 본성이다. 하나님이 마음의 중심에 있는 긍휼로 우리를 만나주셨기 때문에 지금의 우리가 있는 것이다. 만약 하나님이 긍휼함보다 공의로우심을 앞세우셨다면 그 공의 앞에 설 수 있는 사람은 아무도 없다. 그래서 긍휼은 하나님의 성품 가운데 최고라고 말할 수 있으며, 우리 역시 그분의 마음을 배워 긍휼을 베푸는 삶을 살아야 한다.

'긍휼'은 히브리어로 '라함'이라고 한다. 이 단어는 자궁을 뜻하는 '레헴'에서 유래되었다. 자궁은 태아가 생명을 유지하며 자라는 유일한 공간이다. 그래서 긍휼이 없으면 태아의 생명이 이어질 수도, 양육 받을 수도 없다. 이처럼 단어 '레헴'에는 '생명을 가능케 하는 생명의 근원지'라는 뜻이 포함되어 있다.

하나님은 우리의 생명을 보호하고 양육하기 위해 긍휼로써 찾아오셨다. 하나님의 긍휼 없이는 이 세상 누구도 살 수 없다. 지금 우리가 존재할 수 있는 것은 하나님의 자비와 긍휼에 힘입었기 때문이다.

연약함을 인정하라

왜 우리에게는 하나님의 긍휼하심이 필요한가?

> 누구든지 온 율법을 지키다가 그 하나를 범하면 모두 범한 자가 되나니 간음하지 말라 하신 이가 또한 살인하지 말라 하셨은즉 네가 비록 간음하지 아니하여도 살인하면 율법을 범한 자가 되느니라
> 10-11절

> 율법을 완벽하게 지킬 수 없고 온전한 삶을 살 수 없는 우리에게는 하나님의 은혜와 자비, 긍휼이 꼭 필요하다.

모든 율법을 완벽하게 지킬 수 있는 사람은 아무도 없다. 어떤 사람이 죄를 지어 감옥에 가게 되었다면, 모든 죄를 범해 감옥에 간 것이 아니다. 한 가지 잘못 때문에 감옥에 간 것이다. 이를테면 살인이나 간음을 하지 않았어도 다른 법을 하나라도 어기면 그는 범법자가 된다. 그래서 성경은 "의인은 없나니 하나도 없으며"(롬 3:10)라고 말씀한다.

사람은 바람 부는 쪽으로 쓰러지는 연약한 갈대와 같다. 잘하는 것 같다가도 사소한 것으로 한순간에 무너진다. 어느 때는 일어설 수 없을 만큼 고통스러운 순간을 맞기도 한다. 예수님이 우리를 대신하여 십자가를 지신 것도 우리의 이런 연약함 때문이다.

그러므로 율법을 완벽하게 지킬 수 없고 온전한 삶을 살 수 없는 우리에게는 하나님의 은혜와 자비, 긍휼이 꼭 필요하다.

조쉬 맥도웰(Josh McDowell)과 그의 아들 션 맥도웰(Sean McDowell)이 쓴 《하나님에 관한 불변의 진리》(두란노 역간)는 하나님에 대해 아주 잘 정리한 책이다. 그중 '무조건적인 포용의 은혜'를 보면 아들 션이 아버지를 기억하면서 써 내려간 이야기가 담겨 있다.

열두 살의 션이 동네 야구팀에 가입해 첫 시합을 준비하고 있을 때였다. 아버지 맥도웰은 아이스크림 쿠폰을 팀 선수 숫자만큼 구입해 코치에게 전달했다. 코치는 감사하다는 말과 함께 시합에서 승리하면 나눠주겠다고 했다. 그러자 조쉬 맥도웰은 고개를 저으며 아이들이 첫 번째로 졌을 때 그 쿠폰을 나눠주라고 부탁했다. 이 부탁을 하면서 아버지 맥도웰은 다음과 같은 말을 덧붙였다.

"코치님, 저는 아이들이 승리보다 노력 자체를 중요하게 여기기를 원한답니다. 그뿐만 아니라 아이들이 노력보다 하나님의 형상으로 창조된 존재라는 사실을 알기 원합니다. 저는 제 아들이 무한한 가치와 존엄함을 지니신 하나님의 형상에 따라 창조된 아들이라 생각하고 있습니다. 이것은 야구 실력이나 그 어떤 것과 아무런 상관이 없지요. 설령 제 아들이 평생 한 번도 승리해 보지 못한다고 해도 저는 여전히 그 아들을 사랑하고 받아줄 것입니다."

션은 성인이 되어서도 아버지의 그 말을 잊지 않았다. 승리하지 못해도 자신을 받아준 아버지의 마음이 떠오를 때마다 그의 마음은 온기로 따듯해졌다.

사람은 무너지지 않는 절대 불변의 성(城)이 될 수 없다. 세찬 바람이 한 번 불기만 해도 흔적도 없이 송두리째 뽑힐 만큼 연약한 존재이기 때문이다. 그러므로 긍휼을 받으려면 연약함을 인정해야 한다. 하나님은 상한 갈대를 꺾지 않으시고 꺼져 가는 심지를 끄지 않는 분이시기에 자신의 부족함을 고백하며 하나님 앞에 엎드리는 사람을 찾아가신다. 이런 하나님의 긍휼을 기대하는 사람이 참된 복의 인생을 살 수 있다.

자신의 연약함을 모르고 완전할 수 있다는 생각을 가진 사람은 교만에 빠지게 된다. 교만은 하나님의 개입을 거절하는 것이다. 스스로 올바르다고 생각하면 긍휼을 받지도, 베풀지도 못해 영혼과 삶이 메마르게 된다.

> 교만은 하나님의 개입을 거절하는 것이다. 스스로 올바르다고 생각하면 긍휼을 받지도, 베풀지도 못해 삶이 메마르게 된다.

장편소설 《눈물은 힘이 세다》는 《연탄길》로 유명한 이철환 작가의 책이다. 화자가 자기 이야기를 하나씩 꺼내놓으며 전개되는 이 책은 단편을 묶어놓은 것처럼 읽기 쉬우면서도 감동적인 이야기로 구성되어 있다. 다음의 글은 그중 한 이야기다.

> 그날은 대학 입학식이었다. 입학식을 마치고 연구실에서 지도교수를 만나게 되었다. 교수가 말했다.
> "자네는 우리 학과에 꼴찌로 입학했네."
> 겨우 합격했을 것이라 생각하긴 했지만, 막상 기쁜 입학식에 꼴찌로 들어왔다는 이야기를 들으니 마음이 조금 불편하고 창피했다. 그런데 지도교수가 봄볕이 쏟아지는 창밖을 잠시 바라보더니 따스한 눈빛으로 이렇게 말했다.
> "자네는 자네의 그늘을 인정해야 하네."
> 지도교수는 그다음 말을 이어갔다.
> "하지만 그 그늘만큼 빛이 있다는 것 또한 믿어야 해. 그늘이 있다는 것은 가까운 곳에 빛이 있다는 거니까. 내가 자네에게 기대를 해도 괜찮겠나?"

사람마다 각자 드리워진 그늘이 있다. 어릴 때 자라면서 받은 상처로 생긴 그늘, 인정받지 못한 괴로움에 몸부림치며 생긴 그늘, 좋은 직장을 갖지 못해 생긴 그늘, 가정의 불행으로 생겨난 그늘 등 셀 수 없이 많은 그늘이 곳곳에 숨어 있다. 우리는 자신의 이런 연약함을 인정해야 한다.

우리가 그늘을 인정해야 하는 이유는 그늘이 있는 곳에 빛이 있기 때문이다. 자신의 연약함을 인정하면 하나님의 긍휼하심이 찾아온다. 그늘을 벗어나는 그 한 발자국 너머에는 주님이 비추어 주시는 은혜의 빛이 있다. 자신의 연약함을 인정하는 사람에게 하나님의 긍휼이 춤을 출 것이다. 그리고 그 사람은 자신의 생명을 보호하고 양육하시는 라함의 하나님을 경험하게 될 것이다.

누군가에게 따뜻한 불빛이 되어

EBS 수능 영어 강좌를 보다가 우연히 이런 지문이 눈에 들어왔다.

"사람에게는 자기 자신 속에 있는 잘못을 발견하는 것보다 남 속에 있는 잘못을 발견하는 것이 훨씬 쉽다."

눈은 자신보다 남을 더 많이 보게 되어 있다. 그러다 보니 자기 잘못보다는 남의 잘못을 훨씬 쉽게 발견한다. 설령 자신의 잘못을 발견한다고 해도 그것을 인정하는 것은 대단히 어렵다. 남의 잘못이 더 많이 보여 자신이 남보다 낫다는 생각이 들면 긍휼의 마음도 함께 사라진다.

쉬운 예로 운전을 하다 보면 끼어들 때가 있고 양보할 때가 있다. 바쁜 일이 있어 끼어들어야 하는 상황이 오면 상대가 양보를 해줬으면 좋겠다고 생각한다. 그러나 양보해 줄 상황이 오면 바쁘다는 이유로 끼어들려는 차 앞에서 속력을 내어 자리를 내주지 않는다. 똑같은 상황이지만 긍휼을 받게 될 주체와 객체가 달라지니 마음이 바뀌는 것이다. 긍휼을 받기 원하면서 긍휼을 베푸는 일에 인색한 사람이 많다.

> 긍휼을 행하지 아니하는 자에게는 긍휼 없는 심판이 있으리라 긍
> 휼은 심판을 이기고 자랑하느니라 13절

하나님으로부터 받아야 하는 긍휼이 있는 동시에 이웃을 향해 베풀어야 하는 긍휼도 있다. 그런데 남의 약점을 보는 데 열심인 사람일수록 긍휼 베푸는 일에 서툴다. 성경을 보면 사람들은 자신의 눈 속에 있는 들보는 보지 못하면서 다른 사람의 눈 속에 있는 티는 잘 꼬집어낸다(눅 6:42). 우리는 이에 대해 경각심을 가져야 한다. 우리가 베푼 긍휼은 앞으로 있을 심판으로 되돌아오기 때문이다.

> 한번 죽는 것은 사람에게 정해진 것이요 그 후에는 심판이 있으
> 리니 히 9:27

긍휼을 베푼 사람은 언젠가 우리가 서게 될 심판대에서 긍휼의 대상이 되어 심판을 뛰어넘는 자랑스러운 존재가 되지만, 긍휼을 행하지 않은 사람은 받을 긍휼이 없어 무자비한 심판이 있다는 것이다.

예수님도 이와 같은 비유를 들어 말씀하셨다. 1만 달란트를 빚진 종이 있었다. 한 달란트는 6,000데나리온이다. 그 당시 1데나리온은 보통 노동자의 하루 품삯이었다. 한 사람이 1년 중에 300일을 쉬지 않고 20년간 일해야 6,000데나리온을 벌 수 있다. 한 노동자의 20년 임금이 1달란트라면 종이 빚진 1만 달란트는 평생 일을 해도 도저히 갚을 수 없는 액수다.

주인은 그 종에게 빚을 갚으라고 했지만 갚을 길이 없는 종은 그저 무릎을 꿇고 빌었다. 주인은 거절하며 빚을 갚지 않으면 가족 모두 감옥에 가둘 것이라고 했다. 종은 더욱 사정하며 살려 달라고 빌었다. 그때 주인의 마음이 움직여 그 모든 빚을 탕감해 주었고, 이에 감격한 종은 집으로 돌아갔다.

그런데 돌아가는 길에 그 종은 한 사람을 만나게 되었다. 그는 종에게 100데나리온을 빚진 사람이었다. 종은 그에게 빚을 갚으라고 요구했다. 종보다 더 어려운 형편이었던 그는 종이 주인에게 빌었던 것처럼 사정하며 용서를 구했다. 그러나 종은 빚을 갚지 못한 그를 감옥에 가두었다.

이 사실을 알게 된 주인은 화가 나서 그 종을 다시 불러 이렇게 말했다.

> 악한 종아 네가 빌기에 내가 네 빚을 전부 탕감하여 주었거늘 내가 너를 불쌍히 여김과 같이 너도 네 동료를 불쌍히 여김이 마땅하지 아니하냐 마 18:32-33

주인은 긍휼 받은 대로 행하지 않은 종에게 그 빚을 갚도록 옥졸에게 넘겼다. 평생 감옥에서 나올 수 없는 종신형을 받은 것이다. 긍휼 없는 자에게 긍휼 없는 결과가 주어진다는 예수님의 비유가 구체적이고 생생하게 와닿는다.

만약 종이 자신이 받은 긍휼대로 빚진 사람에게 긍휼을 베풀었다

면 빚진 사람에게나 종에게나 다시 살 수 있
는 길이 열렸을 것이다.

　우리가 긍휼의 마음으로 따뜻한 불빛이
되어 준다면 인생의 깊은 산속에서 길을 잃
고 헤매던 누군가는 포기하거나 절망하지
않고 자신의 인생을 걸어갈 수 있는 힘을

> 긍휼의 따뜻한 불빛을
> 보고 누군가는 포기하
> 거나 절망하지 않고 자
> 신의 인생을 걸어갈 힘
> 을 얻는다.

얻는다. 비록 멀리 보이는 약한 불빛일지라도 자신과 만나는 사람에
게 따뜻함을 전해주는 것이 신앙인의 삶이자 교회 공동체가 증명해
야 할 일이다. 우리는 하나님의 성품을 닮아 가기를 소망하는 사람
이기 때문이다.

Chapter 3

가치를 아는
신앙인

1 물질의 한계를 넘어서

> 낮은 형제는 자기의 높음을 자랑하고 부한 자는 자기의 낮아짐을 자랑할지니 이는 그가 풀의 꽃과 같이 지나감이라 해가 돋고 뜨거운 바람이 불어 풀을 말리면 꽃이 떨어져 그 모양의 아름다움이 없어지나니 부한 자도 그 행하는 일에 이와 같이 쇠잔하리라(약 1:9-11).

부요함이 차지하는 신앙의 자리

지금 우리가 사는 사회를 '후기자본주의 사회'라고 부른다. 과거에 돈은 물건을 편리하게 교환하기 위한 수단에 불과했다. 그러나 지금 사회는 물질이 인생의 가장 큰 목표가 되어버렸다고 해도 과언이 아니다.

세상은 점점 발전해 풍요로움을 누리고 있지만 요즘 세대는 앞선 세대보다 포기해야 하는 것이 더 많아졌다. 연애, 결혼, 출산을 포기한 '3포 세대'라는 말이 유행처럼 번지더니 내 집 마련, 인간관계까지 포기한 '5포 세대', 꿈과 희망을 포기한 '7포 세대', 이제는 포기할 것이 너무 많아서 특정 숫자가 정해지지 않은 'N포 세대'라는 말까지 생겨났다. 사람들이 무엇인가를 포기해야 하는 가장 큰 이유는 경제적 압박 때문이다. 경제 문제는 예수 믿는 사람도 피해 갈 수 없는 중요한 문제다.

하나님은 풍요를 상징하는 우상 '바알'을 아주 싫어하셨다. 요즘 사람들 중에 풍요를 싫어하는 사람은 아마 없을 것이다. 물론 하나님을 잘 믿어서 풍요로워질 수 있다. 이왕이면 하나님을 믿으면서 부요하게 살면 얼마나 좋겠는가! 그러나 하나님과 풍요의 방향이 다르다면 하나님을 좇아야 한다. 하나님을 믿어 풍요가 주어지면 감사할 일이지만 그렇지 않더라도 감사해야 한다.

> 하나님을 믿어 풍요가 주어지면 감사할 일이지만 그렇지 않더라도 감사해야 한다.

그런데 어떤 가치보다 풍요를 우선시하면 더 많은 이익을 남기고 돈을 모으기 위해 정직이든 성실이든, 심지어 하나님까지도 포기하는 것을 서슴지 않는다.

부부가 잘 지내다가도 돈 문제만 생기면 다툼이 일어난다. 돈을 잘 벌지 못해 형편이 어려워지면 부인은 남편을 무시하고, 남편은 무시당하는 것이 속상해 부인에게 더 큰소리를 친다. 이런 장면이 드라마의 단골 소재로 등장하다 보니 너무 봐서 식상할 정도다.

돈 때문에 가정불화가 일어나고 다른 사람과의 사이에 문제가 발생하기도 한다. 성격 차이나 폭력 때문이라고 말하지만 깊이 들어가 보면 돈 문제가 얽혀 있는 경우가 많다. 어떤 사람은 경제적으로 힘들어지면 폭력적인 성향이 생겨나고 폭력을 써야 뺏을 수 있다고 생각할지도 모른다.

야고보서는 신앙인의 삶을 강조한다. 야고보서가 기록된 시기는 예수 믿는 사람들의 박해가 아주 심했던 것으로 추정된다. 예수 믿는 것 하나로 삶의 많은 부분을 박탈당하고, 심지어 삶의 터전에서 쫓겨나 방랑자처럼 살아야 했던 사람들에게 닥친 가장 큰 어려움은 경제적 문제였을 것이다.

야고보는 예수 믿는 것 때문에 핍박받고 곤궁한 삶을 살아야 했던 수많은 그리스도인에게 어떻게 하면 어려운 상황에서 하나님의 사람답게 살 수 있는지 들려주고 있다. 이는 그 당시 사람뿐 아니라 우리에게도 해당되는 말씀이다.

> 우리 삶에서 물질이 차지하는 비중이 어느 정도인지, 또 신앙이 차지하는 비중이 얼마나 되는지 자주 점검해 보아야 한다.

많은 성경적 지식을 가지고 있어도 물질 문제에 있어 예수를 알지 못한 사람과 같은 반응을 보인다면 신앙인으로서 정체성을 잃어버린 것이나 마찬가지다. 그래서 우리는 스스로에게 끊임없이 질문을 던져야 한다. 우리 삶에서 물질이 차지하는 비중이 어느 정도인지, 또 신앙이 차지하는 비중이 얼마나 되는지 자주 점검해 보아야 한다.

부요함의 잣대로 인생을 평가할 수 없다

많은 사람이 돈으로 말미암아 삶의 의욕을 잃기도 한다. 뛰어난 재능을 가지고 있지만 꽃피우지 못한 채 어려운 환경에 좌절하거나 스스로 포기하는 사람이 얼마나 많은지 모른다. 단지 돈을 벌기 위해 하고 싶지 않은 일을 하는 사람은 또 얼마나 많은지 모른다.

사람은 돈 때문에 남을 시기하기도 하고 경멸하거나 무시하기도한다. 좋게 유지되던 관계가 돈 문제로 깨지는 일이 비일비재하다. 돈 때문에 우쭐대기도 하고 기가 죽기도 하는 존재는 지구상에 사람뿐일 것이다.

> 낮은 형제는 자기의 높음을 자랑하고 부한 자는 자기의 낮아짐을
> 자랑할지니… 9-10절

신앙인답게 살기 위해서는 먼저 자기 인생과 남의 인생을 부요함의 잣대로 평가하지 말아야 한다. 사람은 가난한 인생을 살면 왠지 모르게 자존감이 낮아진다. 그래서 자신의 인생이 낮다고 쉽게 단정해 버린다. 반면 부요한 사람들은 자신의 인생이 높다고 생각해 거드름을 피우기도 한다. 그러나 성경은 가난하다고 해서 자신의 인생이 낮다고 생각하거나, 많은 물질을 가졌다고 해서 자신이 높은 사람이라고 생각하는 건 잘못된 판단이라고 말씀한다.

가난하다고 해서 인생이 낮다고 생각해서는 안 되며, 많은 물질을 가졌다고 해서 자신이 높은 사람이라고 생각하는 건 잘못이다.

가난하다고 해서 그 사람의 존재 가치를 무시해선 안 된다. 돈이 없다는 이유로 떳떳하게 말할 수 있는 권리를 박탈할 수 있는 사람은 아무도 없으며, 부당한 일에 저항하지 못할 이유도 없다. 반대로

돈을 많이 가졌다고 해서 마음대로 행동할 수 있는 것도 아니며, 사람을 하대할 권리는 더더욱 없다. 만약 그런 생각을 가지고 있었다면, 속히 착각의 늪에서 빠져나와 성경 말씀에 귀 기울임으로 신앙인다움을 회복해야 한다.

예수로 말미암아 높아짐을 자랑하라

예수를 믿는 사람은 가난하다고 해서 자신의 인생을 하찮게 여겨서는 안 된다. 오히려 예수 믿는 것으로 말미암아 삶이 얼마나 고귀해졌는지 자랑할 수 있어야 한다.

> 우리는 구원 받음으로 말미암아 영원히 썩지 않을 존재로 높아진 자신의 가치를 자랑할 수 있어야 한다.

예수님을 만난 이후 우리 삶은 변했다. 이전에는 세상의 잣대에 따라 인생의 문제를 결정했다면, 예수님을 만난 뒤에는 그분으로 말미암아 고귀한 인생을 살게 된다. 말씀을 통해 가치관이 넓어지고, 생각이 고상해지고, 입술이 거룩해지는 것이 그 증거다.

그래서 우리는 구원 받음으로 말미암아 영원히 썩지 않을 존재로 높아진 자신의 가치를 자랑할 수 있어야 한다.

심령이 가난한 자는 복이 있나니 천국이 그들의 것임이요 마 5:3

산상수훈에서 예수님이 가장 먼저 언급하신 말씀이다. 성경은 가난하다고 해서 그 사람을 보잘것없다고 말하지 않는다.

성경에서 말하는 가치의 기준은 물질을 중심으로 생각하는 세상의 가치 기준과 평행선을 이룬다. 신앙은 보이는 물질의 반짝임보다 보이지 않은 신비함에 가치를 둔다. 그래서 신앙인은 한 사람의 인생을 부요함의 잣대로 평가해서는 안 된다.

〈귀천〉으로 유명한 천상병 시인의 글을 보면 '문단의 마지막 순수시인'이라 불릴 만큼 천진하고 자유롭다. 그의 시가 더욱 빛나 보이는 것은 시와 대조적이었던 그의 모진 삶 때문일 것이다.

시인의 〈행복〉이라는 시에서 그는 "나는 세계에서 제일 행복한 사나이다"라고 고백한다. 그런데 그의 삶을 따라 들어가 보면 '정말 행복했을까'라는 생각이 절로 든다.

시인은 젊은 날에 서울대학교 상과대학을 다녔고, 문예와 비평에 두각을 나타냈으며, 당차고 쾌활한 성격이었다. 그런 그를 송두리째 짓밟아버린 일이 있었다. '동백림 사건'에 연루되어 간첩이라는 누명을 쓰게 된 것이다. 주모자의 대학 동기라는 이유만으로 모진 고문을 당했던 그는 고문 후유증으로 아이를 낳을 수 없는 몸이 되었다. 그런 그가 자신이 세상에서 가장 행복한 사람이라고 말하다니 쉽게 납득이 가지 않는다.

그럼에도 시인은 자신의 삶을 당당히 이어갔다. 그의 옆에는 헌신적인 사랑으로 함께한 아내가 있었고, 세상의 모든 아이를 자신의 아이처럼 품을 수 있는 마음을 가졌으며, 자신에게 없는 것보다 있는 것을 먼저 바라보고 만족하는 기쁨이 시인의 마음 안에 자리 잡고 있었다. 게다가 하나님을 "이 우주에서 가장 강력한 분이 나의 빽

이시니"라고 말하는 그의 마지막 고백은 정말 멋지지 않은가!

옛사람들은 "농(濃)한 것에서 만병이 온다"고 했다. 만병의 원인이 과한 것에서 시작된다는 것이다. 조금 모자라도 괜찮은데 그것을 참지 못해 다 채우려고 하다가 문제가 생긴다. 비움의 가치를 무시할 때 생기는 부작용인 것이다.

천상병 시인의 말처럼 우주의 가장 강력한 분이 '나의 빽'이신데 무슨 불행이 닥치겠는가! 하나님 때문에 높아짐을 자랑하면 물질이라는 장벽도 뛰어넘을 수 있는 힘을 받게 된다.

요즘 사람들 사이에서 화두가 되는 생활방식이 있다. 최소한의 물건으로 단순한 삶을 살고자 하는 '미니멀 라이프'가 그것이다. 미니멀리즘이 인기를 끌게 된 계기는 장기 불황에 있다. 경제적 이유로 1인 가구가 늘어나고 생활 공간이 좁아지면서 버리기 열풍이 일어났는데, 이것은 포기와는 다르다. 삶을 단순화시켜 불황을 능동적으로 맞이하려는 적극적 태도를 갖추는 것이기 때문이다.

신앙인에게도 이런 적극적 태도가 필요하다. 예수 믿는 사람은 물질 문제에 대해 즐겁게 인내할 수 있는 힘을 가진다. 우리의 궁핍함을 알고 채워 주시는 하나님을 신뢰하면 감사한 마음이 꽃피기 시작한다. 채움의 여부를 떠나 크신 하나님이 나의 하나님이라는 것에 기쁨이 생긴다. 이는 성경 말씀

우리의 궁핍함을 알고 채워 주시는 하나님을 신뢰하면 감사한 마음이 꽃피기 시작한다. 채움의 여부를 떠나 크신 하나님이 나의 하나님이라는 것에 기쁨이 생긴다.

처럼 하나님으로 말미암아 높아진 우리를 자랑하는 것이다.

그러므로 비운다는 것은 내 것을 비우고 하나님의 은혜로 채우는 과정이다. 사실 대부분의 사람은 자신의 소유를 내려놓지 못하고, 비우지 못해 새로운 것을 채울 수 없는 것이다. 하나님의 은혜를 체험할 수 있는 기회를 놓치고 있다.

하나님은 모두의 하나님이시다. 하나님은 때때로 우리에게 가난함으로 비우게 하시고 넉넉함으로 채워 주기도 하신다. 이는 우리에게 아름다운 결실을 맺게 하시려는 하나님의 치밀한 시나리오다.

부요함은 풀의 꽃과 같이 지나간다

그렇다면 부요함이 왜 인생을 평가하는 잣대가 되면 안 되는가?

'생리적 적응'(physiological adaptation)이라는 심리학 용어가 있다. 어떤 환경에 금세 적응하여 다른 것을 바라는 현상을 뜻한다. 예를 들어 큰 집에서 살기를 소원하던 사람이 그 바람대로 큰 집으로 이사를 가게 되었다고 가정해 보자. 소원하던 집에서 살게 되자 숨통이 트이고 너무 좋은 것이다. 그런데 시간이 흘러 그 환경에 익숙해지면 처음 느꼈던 기쁨과 만족감은 사라지고 만다. 머지않아 더 좋은 집을 갖고 싶다는 마음이 생겨나는 것이다.

> … 이는 그가 풀의 꽃과 같이 지나감이라 해가 돋고 뜨거운 바람이 불어 풀을 말리면 꽃이 떨어져 그 모양의 아름다움이 없어지나니 부한 자도 그 행하는 일에 이와 같이 쇠잔하리라 10-11절

인생은 풀의 꽃과 같이 지나간다고 했다. 집이나 자동차, 가방 등 우리 삶을 치장해 주는 부요함은 잠깐일 뿐 모두 쇠잔해지고 만다. 그래서 성경은 그 잠깐인 것에 인생을 걸지 말라고 말씀한다.

> 너희 소유를 팔아 구제하여 낡아지지 아니하는 배낭을 만들라 곧 하늘에 둔 바 다함이 없는 보물이니 거기는 도둑도 가까이 하는 일이 없고 좀도 먹는 일이 없느니라 너희 보물 있는 곳에는 너희 마음도 있으리라 눅 12:33-34

땅에 있는 것은 잠깐 있다가 곧 사라진다. 좀도 먹고, 동록도 생기고, 도둑이 가져가면 없어지고 말 것들이다. 그래서 우리는 낡지 않는 배낭을 만들어야 한다. 땅의 것처럼 잠깐 있다가 낡아지지 않는 가방 말이다.

순간의 즐거움에 현혹되면 예수 믿는 사람다움이 사라진다. 신앙인은 신앙인의 가치를 통해 존중 받을 수 있어야 한다. 부요한 인생을 무기로 삼는 것이 아니라 하나님이 가르쳐 주신 진정한 가치를 무기로 삼아야 한다.

> 부요한 인생을 무기로 삼는 것이 아니라 하나님이 가르쳐 주신 진정한 가치를 무기로 삼아야 한다.

하나님은 우리가 물질의 신에게 절하지 않도록 반복해 말씀하신다. 물질은 우리의 목적지가 아니다. 부요함을 좇는 것은 신기루를 좇는 것과 같다. 곧 사그라질 풀의 꽃처럼 손에 쥔 것 같지만 금방 사라지고 만다.

그러므로 예수 믿는 사람은 물질의 늪에 빠지지 않도록 주의해야 한다. 혹시 그 시련을 건너는 중이라면 물질로 말미암아 인생의 높낮이가 결정되는 것이 아니라 하나님으로 말미암아 높아진 인생을 자랑하며 즐겁게 인내하기를 바란다. 그 인내는 신앙인다움을 하나둘씩 만들어 나갈 것이다.

2 오늘 해야 하는 선행

들으라 너희 중에 말하기를 오늘이나 내일이나 우리가 어떤 도시에 가서 거기서 일 년을 머물며 장사하여 이익을 보리라 하는 자들아 내일 일을 너희가 알지 못하는도다 너희 생명이 무엇이냐 너희는 잠깐 보이다가 없어지는 안개니라 너희가 도리어 말하기를 주의 뜻이면 우리가 살기도 하고 이것이나 저것을 하리라 할 것이거늘 이제도 너희가 허탄한 자랑을 하니 그러한 자랑은 다 악한 것이라 그러므로 사람이 선을 행할 줄 알고도 행하지 아니하면 죄니라(약 4:13-17).

한 번 죽는 것은 사람에게 정해진 일이다

요즘 '백 세 시대'라는 말을 많이 한다. 의료 기술이 발달하고 영양 상태가 개선되면서 100세 가까이 살 수 있게 된 것이다. 우리나라는 2000년대에 들어서면서 전 세계적으로 평균 수명이 가장 빠르게 증가한 나라이기도 하다.

영국의 임페리얼칼리지런던과 세계보건기구(WHO)가 경제협력개발기구 35개국을 대상으로 기대 수명을 분석한 결과에 따르면 우리나라 여성의 기대 수명이 선진국 중에서 최고 수준을 기록했다고 한다. 기대수명은 새로 태어나는 사람이 생존할 것으로 기대되는 평균 생존 연수인데, 우리나라 여성의 기대 수명이 최초로 90세를 넘어선 것으로 나타났다. 2000년대 이전만 해도 인간이 100세 이상 살 수 있다고는 생각하지 못했다. 어떤 사람은 이런 추세라면 인간의 기대 수명을 120세까지 내다볼 수 있을 거라고 했다. 그러고 보면 살아갈 시간이 참으로 많이 남은 것 같다.

과학과 학문이 발달했다고 해도 사후 세계는 우리에게 여전히 미스터리다. 우리가 왜 늙어 가는지에 대해서도 여러 가지 학설만 있을 뿐 증명된 것은 아무것도 없다. 다만 연구에 따르면 사람의 몸에 노화를 가져오는 원인 물질이 있는데, 그 물질을 규명해 노화의 원인을 제거한다면 적어도 수십 년은 노화 걱정을 하지 않고 살 수 있을 것으로 내다본다.

요즘 주목받고 있는 학설은 사람의 DNA 말단 부분에 '텔로미어'라는 염색소립이 있는데, 나이가 들면 그 길이가 세포 분열을 해서 조금씩 짧아진다는 것이다. 그것이 더 이상 분열할 수 없을 만큼 짧아지면 세포가 사멸하면서 노화가 진행된다는 설이다. 또 다른 학설은 나이 들면서 세포나 조직이 손상을 입어 그것이 누적되면 노화가 진행된다는 것이다.

이들 학설보다 흥미로우면서도 가장 복음적인 학설이 있다. 노화는 태생적으로 인체에 프로그래밍되어 있다는 것이다. 노화는 처음부터 우리 몸에 딱 맞게 짜여진 시스템으로, 어느 시기가 되면 늙고 더 이상 늙을 수 없으면 죽는 것이 이미 우리 몸에 담겨 있다. 그 결과 생명은 반

> 우리 몸은 어느 시기가 되면 늙고, 더 이상 늙을 수 없으면 죽는다. 하나님이 그렇게 만드셨기 때문이다.

드시 죽게 된다. 하나님이 그렇게 만드셨기 때문이다.

성경은 "한번 죽는 것은 사람에게 정해진 것"(히 9:27)이라고 말씀한다. 어떤 이론이든지 노화나 죽음은 피할 수 없는 하나님의 법칙이다. 이 법칙을 이겨낸 사람은 부활하신 예수님 외에는 아무도 없다. 과학 기술이 아무리 발전을 거듭해 노화를 저지할 수 있다고 해도 우리 능력으로 죽음을 막을 수 있는 방법은 없다.

성경은 생명에 대해 이렇게 말씀한다.

> 내일 일을 너희가 알지 못하는도다 너희 생명이 무엇이냐 너희는 잠깐 보이다가 없어지는 안개니라 14절

하나님은 생명에 대해 잠시 있다가 없어지는 안개와 같다고 말씀하셨다. 평균 수명이 100세가 된다고 할지라도 하나님의 시간으로 본다면 곧 사라지고 마는 것이 우리 인생이다.

우리는 성경 말씀을 통해 인생을 바라보는 관점에 대해 생각해 볼 수 있다.

> 사람은 헛것 같고 그의 날은 지나가는 그림자 같으니이다 시144:4
> 너희는 인생을 의지하지 말라 그의 호흡은 코에 있나니 셈할 가치가 어디 있느냐 사2:22

그림자는 해가 뜨면 꼬리처럼 따라다니다가도 해가 지면 금세

사라지고 만다. 사람의 삶도 마찬가지다. 우리가 곧 사라질 인생에 의지하지 말아야 하는 이유는 호흡이 셈할 가치가 없기 때문이다. 연구 목적을 제외하면 하루에 약 2만 번 하는 호흡을 일일이 세는 사람은 아마 없을 것이다. 그러나 언젠가는 이 호흡도 멈춘다. 그 죽음 앞에서 자유로울 수 있는 사람은 아무도 없다.

IT업계에 새로운 바람을 불러일으켰던 애플의 창시자인 스티브 잡스도 엄청난 부로 최고 의료진을 동원했지만 생명을 연장시킬 수는 없었다. 이렇듯 인생은 한 호흡과 같다. 권력이 생명을 연장할 수 없으며, 물질이나 명성으로 지나가는 생명을 붙잡을 수 없다. 우리는 어떤 모양으로 살든 쉽게 사라지는 안개 같은 인생임을 기억해야 한다.

시편을 보면 다음과 같이 말씀한다.

> 귀인들을 의지하지 말며 도울 힘이 없는 인생도 의지하지 말지니 그의 호흡이 끊어지면 흙으로 돌아가서 그 날에 그의 생각이 소멸하리로다 야곱의 하나님을 자기의 도움으로 삼으며 여호와 자기 하나님에게 자기의 소망을 두는 자는 복이 있도다 시146:3-5

옛말에 "인명은 재천이다"라고 했다. 우리는 다른 것이 아닌 하나님을 우리의 도움으로 삼으며, 그분께 소망을 두어야 한다. 성경은 이런 사람이 복 있는 사람이라고 말씀한다.

오늘에 충실하라

그렇다면 다른 것에 의지하지 않고 하나님만 붙잡고 사는 사람의 삶의 자세는 어떠해야 하는가?

> 들으라 너희 중에 말하기를 오늘이나 내일이나 우리가 어떤 도시에 가서 거기서 일 년을 머물며 장사하여 이익을 보리라 하는 자들아 내일 일을 너희가 알지 못하는도다… 13-14절

인생이 안개와 같다는 사실을 알고 하나님만 의지하며 살아가야 할 사람들의 첫 번째 모습은 내일이 아니라 오늘을 사는 것이다.

미래를 생각하지 않을 수는 없다. 오늘을 살면서 내일을 생각하는 것은 자연스러운 일이다. 그런데 내일을 계획하다가 오늘 써야 할 에너지를 소진한다면 오늘도, 내일도 놓치고 만다. 내일 있을 일을 심각하게 고민하며 열심히 계획을 세웠는데 막상 하려고 하면 계획과 다른 생각이 들거나 어긋나는 상황 때문에 괴로운 오늘이 되기도 한다.

진정으로 미래를 생각한다면 무엇보다 지금에 충실해야 한다. 내일 일은 아무도 장담할 수 없으며, 어느 누구도 보장 받을 수 없기 때문이다. 내일보다 오늘, 어제보다 지금 최선을 다해 살아야 한다.

> 너는 내일 일을 자랑하지 말라 하루 동안에 무슨 일이 일어날지 네가 알 수 없음이니라 잠 27:1

내일이 있기 전 오늘을 살아가는 동안 우리에게 어떤 일이 일어날지 아무도 모른다. 안개처럼 사라질지도 모르는 인생에게 어찌 미래의 일을 약속 받을 수 있겠는가! 더 나은 미래를 약속 받고 싶다면 미래를 기대하되 오늘을 충실히 사는 것이 현명하다.

영어로 과거를 'history'라고 한다. 누군가의 말대로 과거는 역사 속에 묻히는 것이다. 아무도 모르기에 미래를 'mystery'라고 한다. 미래는 기대감만 갖게 할 뿐 미래 때문에 오늘이 달라지지는 않는다.

'present'는 '현재'라는 뜻으로 사용되지만 '선물'이라는 뜻도 있다. 그래서 오늘을 하나님이 주신 선물이라고 표현하기도 한다. 그러므로 우리는 지금 사는 것을 하나님의 선물로 생각하고 충성을 다해 살아야 한다. 언제 어떻게 바뀔지 모르는 미래가 아니라 오늘, 이 순간에 집중해야 한다.

> 영어로 오늘은 '현재' '선물'이라는 뜻을 가진 'present'를 쓴다. 우리는 지금 사는 것을 하나님의 선물로 생각하고 충성을 다해 살아야 한다.

오늘은 우리에게 그냥 주어진 것이 아니다. 미래를 꿈꾸며 오늘의 시간을 아무렇게나 써 버린다면 그 미래 역시 말할 것도 없이 아무러한 인생이 되고 만다. 미래는 오늘의 축적물이지 기대의 축적물이 아니기 때문이다. 이처럼 오늘은 우리에게 아주 소중한 시간이다.

오늘 반길 사람은 오늘 반겨라

우리가 아는 '금'은 세 가지가 있다. 첫 번째는 우리 몸에 중요한 소금이다. 물론 과다 섭취는 좋지 않지만 몸에 반드시 있어야 하는 것이 염분이다. 두 번째는 누구나 좋아할 만한 황금이다. 소금과 황금 중 하나를 선택하라고 한다면 대부분 고민하지 않고 황금을 잡을 것이다. 마지막으로 그보다 더 중요한 것이 있다. 바로 '지금'이다. 그러므로 사랑한다고 말하려거든 지금 말하라. 지체하지 말고 지금 격려해 주라. 지금은 다시 돌아오지 않는다.

다음은 조선 중기에 지어진 시조다.

반중(盤中) 조홍(早紅)감이 고아도 보이나다
유자(柚子)ㅣ 안이라도 품엄즉도 하다마는
품어 가 반기리 업슬새 글노 셜워 하나이다
- 박인로, 〈조홍시가〉(早紅柿歌)

대접을 받게 된 집에서 화자는 소반 위에 놓인 탐스러운 홍시를 보게 되었다. 유자라면 몸 안에 품고 가겠는데 홍시는 터질까 봐 품지 못했다. 설령 품고 가도 반갑게 맞아줄 사람, 즉 내가 잘 섬겨야 할 부모님이 계시지 않아 서럽다는 내용이다.

부모님이 살아계신다면 "나중에 돈 많이 벌어 잘해드릴게요"라는 말보다 지금 할 수 있는 것으로 기쁨을 드려라. 우리의 미래가 하나님으로 말미암아 보장되어 있을지라도 우리는 지금의 삶을 살고 있기 때문이다.

보디발 아내의 모함으로 감옥에 갇힌 요셉에게 미래는 암흑 그 자체였다. 감옥 안에 앉아 무엇을 바랄 수 있겠는가! 그러나 요셉은 아무것도 보이지 않는 미래를 한탄하지 않았다. 그렇다고 쓸데없는 꿈으로 무의미하게 시간을 보낸 것도 아니었다. 요셉은 그 자리에서 최선의 순간을 만들어 갔고, 성실하고 정직한 그에게 하나님의 은혜가 임하자 옥중에서도 간수장의 제반 사무를 처리할 만큼 형통했다.

그 후에도 요셉에게 많은 어려움이 닥쳤다. 그럼에도 그는 미래를 걱정하거나 낙담하지 않았다. 주어진 하루에 하나님의 인도하심을 바라며 그저 열심히 살았다.

참된 오늘은 하나님의 은혜를 만나 앞이 전혀 보이지 않던 캄캄한 미래를 전혀 다른 방향으로 바꾸어 놓는다. 반대로 내일 일을 알지 못하면서 내일 일을 자랑하는 것은 신앙인으로서 참된 오늘을 허비하는 우매한 모습이다.

> 참된 오늘은 하나님의 은혜를 만나 앞이 전혀 보이지 않던 캄캄한 미래를 전혀 다른 방향으로 바꾸어 놓는다.

이제도 너희가 허탄한 자랑을 하니 그러한 자랑은 다 악한 것이라 16절

미래를 단정 지을 수 없는 우리가 미래를 자랑하는 것은 거짓말하는 것과 같다. 그래서 성경은 그런 자랑을 악한 것이라고 말씀한다.

현재가 없는 미래는 허풍이다. 그러므로 우리는 오늘 최선을 다해 살아야 한다. 누군가의 말처럼 오늘 죽을 것처럼 살아야 한다. "있을 때 잘해, 나중에 후회하지 말고"라는 노랫말도 있지 않은가. 오늘 반겨야 할 사람을 반기지 못하면 내일은 기약하지 못할지도 모른다.

선행을 미루지 말라

인생이 안개와 같음을 알고 하나님만 의지하며 살아가야 할 사람의 두 번째 모습은 주님이 원하시는 것이 무엇인지 분별하여 선을 행하며 사는 것이다.

> 너희가 도리어 말하기를 주의 뜻이면 우리가 살기도 하고 이것이
> 나 저것을 하리라 할 것이거늘 … 그러므로 사람이 선을 행할 줄
> 알고도 행하지 아니하면 죄니라 15-17절

성경은 선인 줄 알고도 선을 행하지 않으면 죄라고 말씀한다. 그래서 우리는 주님이 말씀하시는 선한 일이 무엇이고, 온전하신 뜻이 무엇인지 분별해서 지금 행해야 한다. 또한 지금 행하는 일이 주님이 기쁘게 받으실 만한 것인지, 주님의 마음에 합한 것인지를 고민하고 갈등하면서 오늘 우리가 해야 할 선을 미루지 말아야 한다. 그러지 않으면 모두 허탄한 자랑이 되기 때문이다. 허탄한 자랑은 절대자를 배제하고 물질적 이득을 가져다 줄 자신의 지식과 행운, 힘, 기술에 대한 자만심에서 비롯된다.

> 허탄한 자랑은 절대자를 배제하고 물질적 이득을 가져다 줄 자신의 지식과 행운, 힘, 기술에 대한 자만심에서 비롯된다.

안개 같은 인생이라고 전제해 보면 얼마 가지고 있느냐, 어디에 사느냐 하는 것은 중요하지 않다. 하루에 수만 번 하는 호흡을 일일이 셈할 가치가 없듯 호흡도 중요하지 않다. 그분이 호흡을 거두어

가시면 우리는 그날로 세상의 삶을 마감할 수밖에 없다.

우리는 주님과 함께 살면서 주님께 집중하며 오늘 할 수 있는 선을 베풀어야 한다. 그러면 금세 지나가는 인생이지만 그 지나는 곳에 주님의 이름으로 행한 선의 열매가 풍성히 맺히게 될 것이다.

3 가치 있는 삶을 향하여

들으라 부한 자들아 너희에게 임할 고생으로 말미암아 울고 통곡하라 너희 재
물은 썩었고 너희 옷은 좀먹었으며 너희 금과 은은 녹이 슬었으니 이 녹이 너
희에게 증거가 되며 불같이 너희 살을 먹으리라 너희가 말세에 재물을 쌓았도
다 보라 너희 밭에서 추수한 품꾼에게 주지 아니한 삯이 소리 지르며 그 추수
한 자의 우는 소리가 만군의 주의 귀에 들렸느니라 너희가 땅에서 사치하고 방
종하여 살륙의 날에 너희 마음을 살찌게 하였도다 너희는 의인을 정죄하고 죽
였으나 그는 너희에게 대항하지 아니하였느니라(약 5:1-6).

죽이는 돈과 살리는 돈

요즘 우리나라뿐 아니라 경제대국이라 불리는 대부분의 나라에
서 '부'(富)를 가진 사람에 대한 부정적 인식이 확산되고 있다. 왠지
모르게 나쁜 사람처럼 여겨지고, 축적한 부가 욕심의 결과인 것처럼
인식되고 있다. 이런 부정적 인식이 확산되는 데는 여러 가지 이유
가 있을 것이다.

여기서 우리가 확실히 알아야 할 것은 '부'는 가치중립적이라는
사실이다. 부요함 자체로 선과 악의 가치를 매길 수 없다. 다만 부의
축적 과정에 대해서는 선과 악의 평가를 내릴 수 있다. 그러므로 우
리는 하나님의 말씀에 비추어 부요함을 어떻게 축적할 것이며, 이를

어떻게 사용할 것인지 묵상할 필요가 있다.

돈에 한 맺힌 사람이 의외로 많다. 사업하던 사람이 갑자기 어려움을 당해 노숙자로 내몰리기도 하고, 빚 때문에 가정이 파탄나거나 삶이 피폐해지기도 한다. 또한 어릴

> 부 자체로 선과 악의 가치를 매길 수 없다. 다만 부의 축적 과정에 대해서는 선과 악의 평가를 내릴 수 있다.

때 돈 때문에 무시당하는 부모의 모습을 보고 어른이 되면 돈을 많이 벌겠다고 다짐한 사람도 적지 않다.

돈은 바닷물을 마시는 것처럼 벌면 벌수록 더 갈증이 나는 것 같다. 돈을 많이 버는데도 목마름을 가지고 있는 사람이 적지 않은 걸 보니 말이다. 물론 돈은 좋은 작용도 한다. 삶을 잘 굴러가게 하는 윤활유 역할을 하면서 활력을 불어넣기도 하고, 자신감을 불어넣기도 한다.

이처럼 돈은 어떻게 모으고 사용하느냐에 따라 사람을 살리기도 하고 죽이기도 하는 양날의 검이 된다.

타인의 고통에 눈감지 않는 부요함으로

부요함이 문제가 되는 것은 남을 전혀 고려하지 않고 그것을 자신만 위해 사용하기 때문이다.

> 보라 너희 밭에서 추수한 품꾼에게 주지 아니한 삯이 소리 지르며
> 그 추수한 자의 우는 소리가 만군의 주의 귀에 들렸느니라 4절

여기서 추수할 밭이 있다는 것은 넉넉한 형편이라는 뜻이다. 농사지을 땅이 넓어서 품꾼을 데려다 노동을 시킬 만큼 가진 자라는 것이다. 그런데 성경은 품꾼에게 삯을 주지 않아서 그 삯을 받지 못한 가난한 품꾼의 우는 소리가 하나님의 귀에 들렸다고 말씀한다.

너희 금과 은은 녹이 슬었으니 이 녹이 너희에게 증거가 되며 불같이 너희 살을 먹으리라 너희가 말세에 재물을 쌓았도다 3절

부를 가져 문제가 되는 것이 아니다. 하나님은 품꾼을 부릴 수 있을 만큼 부를 가졌음에도 가난한 사람을 돌보지 못하고 자신만을 위해 부를 쌓는 것을 꾸짖고 계신 것이다.

물론 자신이 벌었으니 자신을 위해 쓰는 것은 당연하다. 자신의 수고로 벌어들인 것을 자신에게 투자하는 일을 뭐라고 할 사람은 없다. 그러나 추수한 품꾼들의 울부짖는 소리가 하나님께 들리는데 자신의 부를 쌓아둔 채 남의 고통에 눈감아버린다면 하나님이 보시기에 아름다운 일이 아니라는 뜻이다. 이처럼 부요함은 도리어 올무가 되기도 한다.

만약 우리에게 부요함이 주어진다면 기억해야 할 것이 있다.

네 하나님 여호와를 기억하라 그가 네게 재물 얻을 능력을 주셨음이라 이같이 하심은 네 조상들에게 맹세하신 언약을 오늘과 같이 이루려 하심이니라 신 8:18

재물 얻을 능력을 주신 분은 하나님이시다. 하나님이 부요함을 주신 것이므로 하나님의 방법대로 재물을 써야 한다. 그러지 않으면 그 부요함이 문제가 될 수 있다. 혹시라도 부요함이 허락되었다면 자신만을 위해 그 부요함을 축적할 것이 아니라 타인을 위해 사용할 수 있어야 한다.

집에 침대가 거의 없던 시절, 풍족한 집에서 자란 동창생이 있었다. 그 친구는 자신의 방에 침대가 있었고, 유명 브랜드의 신발을 신고 다녔는데, 다른 아이들의 신발과 비교했을 때 고급스러워 보였다.

어느 날 친구 여럿이서 분식과 자장면을 먹었다. 한 번쯤 밥값을 낼 만도 한데 그는 다른 친구들을 위해 돈을 잘 쓰지 않았다. "신발 끈이 길어서…"라는 말을 이럴 때 쓴다. 음식을 잘 먹고 나서 계산할 때가 되면 다른 친구들은 형편이 넉넉하지 않은데도 서로 계산하려고 했다. 그런데 풍족한 그 친구는 다른 친구들이 서로 계산하려고 할 때 신발 끈을 묶고 있었다. 자신을 위해 좋은 신발과 옷을 살 형편이 되면서도 친구들을 대접할 호주머니는 없었던 것이다.

그럼에도 세상이 아직까지 아름다운 것은 나눌 줄 아는 선행이 이어지기 때문일 것이다.

2011년 9월, 한 남자가 54세의 일기로 세상을 떠났다. 평소 유명 인사는 아니었지만 언론에 그 사람의 사연이 방영되기도 했다. 그의 직업은 소위 말하는 '철가방'이었다. 주문을 받으면 오토바이를 타고 음식을 가져다 주는 배달원이었다. 그는 결혼도 하지 않은 듯 1.5평짜리 고시원 쪽방에서 살고 있었는데, 그 당시 월급으로 70만 원을 받았다고 한다.

그 남자가 조명을 받은 것은 적은 월급으로 지난 6년간 매달 경제적으로 어려운 아이 6명, 적게는 1명에게 10만 원씩 후원을 하고 있었기 때문이다. 모두 부모 없는 아이들이었다. 그의 일기에는 이런 글이 적혀 있었다.

"하루 종일 후원 아동들로부터 온 편지를 읽었지. 읽고 또 읽었어. 그 편지를 읽는 시간이 너무 행복한 거야."

> 욕심으로 쌓아 두면 죽은 돈이고, 사람을 살리는 일에 쓰면 산 돈이다

《아버지가 딸에게 들려준 이야기들》에 나온 글인데, 욕심이 많아서 곳간에 쌓아 두기만 한다면 그것은 죽은 돈이고, 사람을 살리는 일에 쓰이면 산 돈이라고 했다.

타인에게 인색하면서 자신만 누리고 사는 인생은 졸부 근성을 가진 삶과 다르지 않다. 그러나 신앙인이라면 자신이 가진 것을 주님의 이름으로 어려운 이웃과 나눌 줄 알아야 한다.

이는 예수 믿는 사람은 무조건 가난하게 살아야 한다는 뜻이 아니다. 부자가 되는 것은 좋은 일이다. 다만 그 부요함이 자기에게만 넉넉한 것이라면 유익이 없다. 타인의 고통에 눈을 뜨고, 그들의 소리를 듣고 마음을 열면 그 부요함은 하나님의 축복으로 더욱 풍성해질 것이다.

마음의 비만에 이르는 길, 사치와 방종

이 부요함이 남에게 넉넉하지 못하면 어떤 문제가 생기기에 하나님은 자꾸 남에게 넉넉해지라고 말씀하시는 걸까? 성경은 이렇게 말씀한다.

> 너희가 땅에서 사치하고 방종하여 살륙의 날에 너희 마음을 살찌게 하였도다 5절

부요함을 지녔음에도 남에게 넉넉하지 못할 때 생기는 첫 번째 문제는 사치하는 인생을 살아간다는 것이다.

사치는 삶의 분수에 넘치게 호사스러운 것을 말한다. 예를 들어 고가의 옷이 있다고 하자. 그 옷을 살 만한 형편이 되어 구입한다면 사치라고 하지 않는다. 그런데 옷을 구입한 지 얼마 되지 않아 또 구입하고, 몇 벌씩 구입해도 만족이 없다면 그것은 사치다.

부요함을 지녔음에도 남에게 넉넉하지 못할 때 생기는 두 번째 문제는 방종한 인생을 살아간다는 것이다. 남에게 넉넉하지 못하고 자신에게만 쓰다 보면 더 이상 쓸 곳이 없어 방종한 곳으로 눈을 돌리게 된다.

방종이 가지는 특별한 뜻이 하나 있는데, 그것은 자신에게만 몰두하여 다른 것을 염두에 두지 않는다는 것이다. 방종한 사람은 남이 아프든 굶든 상관하지 않고 그저 자신이 누릴 수 있는 것만 생각한다. 많은 재물로 한껏 자유를 누리고 싶어 하는 것이다.

그런데 자유와 방종은 다르다. 외적인
구속이나 무엇에 얽매이지 않고 자기 마음
대로 할 수 있는 상태를 자유라고 한다. 그
러나 자유는 법의 범위를 넘어서지 않는다.
어디서든 그에 걸맞는 책임지는 행동을 보
이는 것이다. 반면 방종은 제멋대로, 남의
시선에 신경 쓰지 않고 거리낌 없이 행동한다.

어느 날 한 식당에서 밥을 먹는데, 종업원 가운데 베트남에서 온
자매가 있었다. 앳된 얼굴과 작은 키의 그 자매는 우리말이 능숙하
지 못했다.

"형제 있어요?"라고 물었을 때 잘 알아듣지 못하는 것 같아서 "가
족 있어요?"라고 바꿔 물었다. 그랬더니 서툰 말로 베트남에 있는 엄
마를 비롯해 다른 가족들에 대해 이야기해 주었다. "가고 싶겠어요"
라고 했더니 자매는 애틋한 표정으로 고개만 끄덕였다.

측은한 마음이 들어 밥을 먹은 뒤 그냥 주는 것이 민망해 지갑에
있던 돈을 냅킨과 잘 접어 앞치마 주머니에 조심스레 넣어주었다.
마침 지갑이 넉넉하게 채워져 있어 다행이라고 생각했다. 그러고 나
서 조용히 "언제 집에 한번 다녀왔으면 좋겠네요"라고 말했다.

시간이 한참 지나 그 식당에 또 가게 되었다. 자매는 밝은 얼굴로
반갑게 맞아주었다. 어떤 사람은 돈을 주었으니 그런 것이라고 말할
지도 모르겠다. 물론 돈 때문에 그랬을 수도 있다. 그러나 그 반가움
은 꼭 돈 때문만은 아니었을 것이다.

넉넉함으로 남을 들여다보면 그 부요함이 꽃을 피우기 시작한다. 우리는 그 부요함으로 할 일이 참 많다. 그러나 그 부요함을 자신만 위해 축적한다면 마음이 넉넉해지는 것이 아니라 말씀대로 사치와 방종으로 말미암아 마음이 비만에 이르게 된다. 그것을 누가복음 6장은 이렇게 말씀한다.

> 화 있을진저 너희 부요한 자여 … 화 있을진저 너희 지금 배 부른 자여 눅 6:24, 25

배부르게 잘 먹고 잘사는 게 나쁜 것은 아닐 텐데, 성경은 부요한 자를 향해 강한 말씀을 던진다. 이는 남의 어려움에 눈감으면서 자기에게만 부요한 사람에게 하시는 말씀이다.

> 하나님은 이르시되 어리석은 자여 오늘 밤에 네 영혼을 도로 찾으리니 그러면 네 준비한 것이 누구의 것이 되겠느냐 하셨으니 자기를 위하여 재물을 쌓아 두고 하나님께 대하여 부요하지 못한 자가 이와 같으니라 눅 12:20-21

예수님이 부자에게 이르신 말씀으로, 자기에게만 부요하고 하나님께 부요하지 못한 자를 어리석다고 말씀하셨다. 사는 동안 부지런히 모았던 부요함도 하나님이 불러 가시면 무의미해진다.

너희가 여기 내 형제 중에 지극히 작은 자 하나에게 한 것이 곧 내게 한 것이니라 마 25:40

하나님은 힘없고 약한 자에게 한 것을 기억하시고 양과 염소를 가르신다. 주린 자에게 음식을 주고 목마른 자에게 물을 준 사람을 의인이라 하시고 오른편에 두며, 주린 자에게 음식을 주지 않고 목마른 자에게 물을 주지 않은 사람을 저주하시고 왼편에 두신다고 했다.

성경에 보면 자주 고아와 과부를 언급한다. 하나님은 고아와 과부, 즉 어렵고 약한 자들의 대변인이시며 그들을 선대하기를 즐거워하셨다. 예수 믿는 사람은 이런 하나님의 마음을 기억하며 따라가야 한다.

부요함을 기뻐하듯 주의 도를 기뻐하라

자신에게 넉넉한데 남에게 넉넉하지 못하면 인생은 사치와 방종으로 빠지게 된다고 했다. 성경은 그 결과에 대해 이렇게 말씀한다.

너희 재물은 썩었고 너희 옷은 좀먹었으며 너희 금과 은은 녹이 슬었으니 이 녹이 너희에게 증거가 되며 불같이 너희 살을 먹으리라 너희가 말세에 재물을 쌓았도다 2-3절

사치와 방종에 빠지면 이처럼 인생이 사그라진다. 부요하게 만들었던 재물이 다 썩어 없어질 인생으로 바뀌는 것이다.

그래서 하나님은 "부자는 그의 부함을 자랑하지 말라"(렘 9:23)고 말씀하신다. 부요함을 자랑하지 말고 하나님이 주신 그 부요함으로 남에게 넉넉한 인생을 사는 것이 복 있는 삶이다.

> 내가 모든 재물을 즐거워함같이 주의 증거들의 도를 즐거워하였
> 나이다 시 119:14

시편에 나온 이 솔직한 표현처럼 재물을 즐거워하지 않는 사람은 없다. 그런데 뒤에 모든 재물을 즐거워한 것처럼 "주의 증거들의 도를 즐거워하였나이다"라고 덧붙였다.

우리는 부요함으로 사치와 방종에 빠져 인생을 살 것인지, 남에게 넉넉함으로 복 있는 인생을 살 것인지 삶을 선택할 수 있다. 재물을 즐거워하듯 하나님 말씀의 도를 즐거워하면서 사는 은혜가 있기를 바란다.

Chapter 4

주변을 살리는
신앙인

1 남을 높여주는 인생이 되라

형제들아 서로 비방하지 말라 형제를 비방하는 자나 형제를 판단하는 자는 곧 율법을 비방하고 율법을 판단하는 것이라 네가 만일 율법을 판단하면 율법의 준행자가 아니요 재판관이로다 입법자와 재판관은 오직 한 분이시니 능히 구원하기도 하시며 멸하기도 하시느니라 너는 누구이기에 이웃을 판단하느냐 (약 4:11-12).

비방이라는 거대한 그림자

남에 대해 좋은 말을 한다는 것이 생각만큼 쉽지 않은 것 같다. 인간의 본성이 그런 것일까? 지나가다 우연히 들리는 소리에 귀 기울이다 보면 특정인에 대한 험담인 경우가 많다. 남에게 좋은 일이 생기면 함께 기뻐하고 상대를 칭찬하고 격려하는 것보다 샘나고 질투가 나서 어떻게든 흠을 찾아내어 깎아내리려고 한다.

우리 사회의 가장 큰 질병 가운데 하나는 배 아픈 병일 것이다. "사촌이 땅을 사면 배가 아프다"라는 속담이 있을 정도가 자주 걸리는 병이다. 자신보다 남이 더 좋은 것을 갖거나 앞서 나가는 것을 보면 괜히 억울한 생각이 든다. 이 마음이 점점 자라 곰팡이 피듯 번지면 어떤 방법과 수단을 동원해서라도 끌어내리고 싶다는 생각을 행동으로 옮기기도 한다.

《한국 사회와 그 적들》은 뉴욕신학대학원에서 목회신학을 강의했던 이나미 박사가 쓴 책이다. 이 책에는 삶의 이야기를 통해 한국 사회를 진단하고, 한국 사회가 앓고 있는 질병을 치유하려는 의지가 담겨 있다.

우리나라는 문화나 기술 등에서 삶의 질이 높아져 어딜 가도 자부심을 가질 만한 나라가 되었음에도 끊임없이 옆 사람과 비교하며 경쟁의식을 부추기는 바람에 삶이 갈수록 날카로워지고 있다. 그래서 이나미 박사는 우리 사회를 이렇게 평했다.

"성장해서 자랑할 만한 국가가 되었지만 너무 급작스러운 성장에 따른 그림자 또한 거대해져 버렸다."

사회에서 어느 정도 두각을 나타내면 공공의 적이 된 것처럼 주변의 거친 공격이 들어온다. 칭찬해주고 축하해줘야 할 가까운 사람이 오히려 자신은 갖지 못했다는 억울함에 돌을 던지기도 한다. 비교와 경쟁은 어느새 우리 사회의 거대한 그림자가 되었다. 그래서 이나미 박사는 이 땅이 때때로 괴로운 지옥처럼 보인다고 표현하기도 했다.

하나님은 상대를 비난하면서 경쟁적으로 서로를 깎아내리는 우리에게 아주 강력한 어조로 "형제들아 서로 비방하지 말라!"(11절)하고 말씀하신다. 이 말씀을 쉬운말성경은 "형제 여러분! 서로 헐뜯지 마십시오"라고 번역했다. 우리 사회는 서로 비난하는 것에 그만

지치고 말았다. 그래서 이 말씀은 지옥처럼 여겨지는 우리나라에 하나님이 특별히 주신 말씀처럼 여겨진다.

신앙인다움을 회복하는 길 중 하나는 서로를 향한 비방을 그치는 것이다. 우리는 예수를 믿는 사람이고 천국을 소망하는 사람인데 남을 헐뜯는 일이 자연스럽다면 남을 깎아내림과 동시에 자신의 영적 상태도 깎아버린 것과 같다. 이는 찬송과 저주가 한 입에서 쏟아져 나오는 일이다.

아론과 미리암조차도 하나님이 민족의 지도자로 세우신 모세를 향해 비방하기를 서슴지 않았던 것을 보면, 우리 삶 속에 비방은 이미 만연해 있는 듯하다.

'비방'이라는 단어의 뜻 중에 '비난하다, 험담하다, 중상모략하다'는 뜻과 함께 눈여겨볼 만한 의미가 있다. 바로 '거짓으로 또는 과장하여 고발하다'라는 뜻이다.

> 비방하다 보면 그 말에 과장과 거짓이 덧붙여지기가 쉽다. 경쟁 심리나 질투에 휩싸여 사실을 포기하면서까지 험담하는 것이다.

비방을 단순한 문제로 볼 수 없는 이유는 남을 비방하다 보면 그 말에 과장과 거짓이 쉽게 덧붙여지기 때문이다. 경쟁 심리나 질투에 휩싸여 남이 잘 되는 것을 보지 못하고 사실을 포기하면서까지 험담하는 것이다.

하나님은 모세를 비방한 아론과 미리암을 향해 이렇게 말씀하셨다.

> 너희가 어찌하여 내 종 모세 비방하기를 두려워하지 아니하느
> 냐 민12:8

예수 믿는 사람은 비방하는 일을 두려워해야 한다. 다짐 정도로 멈추는 것이 아니라 두렵고 떨려야 한다. 그만큼 비방의 유혹이 너무 강력해서 비방을 그치기가 어렵기 때문이다.

판단자가 아닌 지키는 자

남에게 일어난 좋은 소식은 중간에 끊기는 일이 많아서 소문이 잘 나지 않는다. 그런데 비방은 쉽게 번져 사실이 아닌 것도 자꾸 듣다 보면 진짜인 것처럼 믿게 된다. 왜 사람들은 비방하는 일에 몰두하는 것일까?

> 형제들아 서로 비방하지 말라 형제를 비방하는 자나 형제를 판단
> 하는 자는 곧 율법을 비방하고 율법을 판단하는 것이라 네가 만일
> 율법을 판단하면 율법의 준행자가 아니요 재판관이로다 11절

"형제들아 서로 비방하지 말라"는 전체 주제에 뒤따라 나온 설명을 살펴보자. 형제를 비방하거나 판단하는 것은 율법을 비방하거나 판단하는 재판관과 같다고 말씀한다.

여기서 비방을 설명하기 위해 단어 '판단'이 사용된다. 비방하는 일에 빠져드는 이유는 자신이 판단자, 즉 재판관이 되려고 하기 때

문이라는 것이다.

이렇듯 비방은 자신을 들여다보기보다 남의 인생을 들여다보는 일에 더 열중하는 사람이 즐기는 일이다. 자신보다 남의 인생을 향하여 촉각을 곤두세우고 남의 일에 시시콜콜 간섭하면서 판단하려는 사람은 남을 험담하고 중상모략하는 것을 쉽게 여긴다.

우리는 먼저 자신을 들여다보아야 한다. 하나님이 우리에게 말씀을 주신 것은 타인의 판단자가 되게 하기 위해서가 아니다. 우리는 남이 어떻게 사는지 주시하거나 고민할 필요가 없다. 오히려 자신을 살피는 일을 등한시하고 있는 건 아닌지 고민해야 한다. 하나님의 말씀을 듣고 조용히 묵상하며 자신에게 적용하는 시간이 훨씬 더 의미 있는 일이다.

남을 향한 비방과 판단을 그치려면 가장 먼저 하나님의 말씀을 지키려고 하는 결단이 있어야 한다. 사람의 됨됨이나 언행을 판단하는 사람이 아니라 하나님의 말씀을 지키는 사람이 되어야 한다.

예수 믿는 우리는 많은 말씀을 들으며 살아간다. 적어도 일주일에 한 번 말씀을 보거나 듣는 기회가 주어진다. 그렇다면 하나님의 말씀에 귀 기울여 지키려고 하는지, 아니면 남에게 말을 들려주어 그의 삶을 판단하려고 하는지 자신이 서 있는 곳을 점검해 보기 바란다.

> 남을 향한 비방과 판단을 그치려면 가장 먼저 하나님의 말씀을 지키려고 하는 결단이 있어야 한다.

판단과 결정은 하나님의 영역이다

판단자가 되면 우리는 말씀을 지키는 준행자가 될 수 없다. 그래서 평가자의 역할을 멈추고 판단하는 일을 내려놓아야 한다. 우리는 그저 말씀을 듣고 지키는 것에서 멈춰야 한다. 나머지는 하나님이 하실 것이다.

> 입법자와 재판관은 오직 한 분이시니 능히 구원하기도 하시며 멸하기도 하시느니라 너는 누구이기에 이웃을 판단하느냐 12절

우리는 "저 사람은 안 돼!"라고 남을 평가하면서 입법자로서 법을 집행하거나 판단하는 모든 일을 스스로 감당하려고 한다. 사회적 지위나 힘이 있다면 그것을 이용해 자신의 판단에 따라 상대에게 힘을 가하기도 한다.

그러나 사람의 잘잘못을 판단하는 것은 하나님의 몫이자 그분의 영역이다. 하나님만이 구원과 멸망을 결정하실 수 있다. 우리는 그 사람이 옳든 그렇지 않든 관여하지 말고 하나님이 반드시 판단하시리라 확신하며 그분께 맡겨야 한다. 그리고 하나님께로부터 들은 말씀에 집중하며 그대로 행하면 된다.

《하늘의 특별검사》는 김인호 장로의 간증이 담긴 책이다. 하나님을 본격적으로 만나기 전 그는 탁월한 검사로 인정받으며 승승장구했다. 그런데 하나님의 은혜를 깨닫고 나서 그의 별명은 '바보 검사'가 되었다. 그는 지금까지 2만여 명을 주의 품으로 인도하여 하나님

의 나라를 확장시키는 전도 왕으로 불리고 있다. 김인호 장로가 변화되어 사랑의 전도자의 삶을 살게 된 것은 두 가지 중요한 사건을 겪고 나서부터였다.

김 검사는 예수를 믿고 안수집사 직분을 받았지만 검사직을 수행하면서 술 마시는 일이 다반사였다. 검사들은 금요일을 술 마시는 날이라는 뜻으로 주일(酒日)이라고 부른다고 한다.

금요일 저녁, 그날도 어김없이 퇴근 후 술자리가 있었다. 늘 그래왔듯 그날 역시 새벽이 되어서야 집에 들어갔다. 그런데 현관문을 열어준 아내의 얼굴에 눈물이 홍건했다. 아내는 어머니가 오셨다고 말했다. 거실에 들어서자 이내 방에서 통곡하는 소리가 들렸다. 어머니의 기도였다. 검사는 어머니가 무슨 기도를 하는지 방문 앞에서 조용히 엿들었다.

"하나님, 아들이 저렇게 하나님의 은혜를 저버리고 세상으로만 달려가고 있습니다. 주님께서 아들을 죽음에서 건져주시고 검사로 세워주시고 안수집사로 세워주셨는데, 하나님의 일은 안중에도 없이 세상 사람들처럼 살아가는 아들의 모습을 보며 제가 통회 자복합니다."

그러면서 모든 죄가 아들의 죄가 아니라 기도가 부족한 어미의 죄라면서 자신은 죽어 마땅한 죄인이라고 하나님께 통곡하는 것이었다.

김 검사는 잠깐 잠자리에 들었다가 평소와 같이 출근했다. 어머니의 기도를 듣고 사람이 변하면 얼마나 좋겠는가! 그렇게 며칠이

지나 또 술을 마시고 지난번보다 더 늦은 시간이 되어서야 집에 들어갔다. 스스로 현관문을 열고 들어서는데 또 기도 소리가 들렸다.

이번엔 어머니가 아니라 아내의 기도 소리였다. 검사는 이전과 같이 문 앞에 서서 기도를 엿들었다.

"하나님, 앞으로 주님께서 우리 남편을 장로로 세워주실 것을 믿고 감사합니다."

지난번 어머니의 기도와 조금 다르다는 생각을 하며 검사는 계속 귀를 기울였다.

"장로로 세워주실 때는 아름답게 섬기는 모습으로 존경 받고 인정받는 장로가 되게 해주시옵소서."

그런데 계속 듣다 보니 어머니와 똑같은 기도가 이어졌다.

"하나님, 저런 모습으로 어떻게 아름다운 장로가 될 수 있겠습니까? 남편의 죄된 삶은 저의 죄입니다."

아내는 이렇게 죄를 고백하며 통곡했다.

어머니와 마찬가지로 아내 역시 자신에게 쏟아져야 하는 화살을 대신해 회개하며 기도하고 있었다. 김 검사는 그 기도를 외면할 수가 없었다. 그리고 두 사람의 기도처럼 삶이 바뀌기 시작했다.

진정으로 하나님의 은혜 가운데 사는 사람은 남의 잘못을 꾸짖는 것이 아니라 자신의 기도가 부족했음을 고백하며 오히려 그 사람을 대신해 하나님께 용서를 구한다.

우리는 자주 판단하는 실수를 범한다.

> 하나님의 은혜 가운데 사는 사람은 남의 잘못을 꾸짖는 것이 아니라 자신의 기도가 부족했음을 고백하며 오히려 하나님께 용서를 구한다.

'저런 인간, 저런 부모, 저런 자식'이라고 다른 사람을 향해 손가락질하면서 스스로 재판관이 되어 정죄하고 비난을 서슴지 않는다. 그러나 판단하는 일은 하나님께 맡겨야 한다. 구원과 멸망을 결정하는 것은 하나님의 영역이다. 하나님의 권한을 인정하고 말씀을 지켜 행하는 준행자가 되는 것이 우리의 몫이다. 이웃을 판단하는 일을 그만두고 비방을 멈추기만 해도 우리 사회는 훨씬 아름다워질 것이다.

2 온유함으로 말씀의 꽃을 피우라

내 사랑하는 형제들아 너희가 알지니 사람마다 듣기는 속히 하고 말하기는 더
디 하며 성내기도 더디 하라 사람이 성내는 것이 하나님의 의를 이루지 못함이
라 그러므로 모든 더러운 것과 넘치는 악을 내버리고 너희 영혼을 능히 구원할
바 마음에 심어진 말씀을 온유함으로 받으라(약 1:19-21).

분노 조절 능력을 상실한 현대인

요즘 '묻지마 범죄'가 빈번하게 일어나고 있다. 원한 살 만한 일
을 한 것도 아닌데 욱하는 성질을 참지 못해 충동적으로 살인까지
저지르며 사회에 큰 해악을 끼치는 사람이 있다. 그런데 대부분이
분노를 참지 못해 그런 무서운 일을 저지른다.

세상에는 분노할 일이 참 많다. 빈부 격차가 심한 것도 분노의 이
유가 될 것이다. 학력이 낮다는 이유로 기업의 서류전형조차 통과하
지 못해 분노할 만한 상황과 마주할 때도 있다. 사회의 불공평이 심화
되고 산업사회가 점점 극으로 치달으면서, 인간성은 메말라 가고 사
회에 분노가 만연해 있다. 좀 더 생각할 시간을 가져야 하는데, 묻지

좀 더 묵상하고 기도할
시간이 필요한데, 우리
역시 너무 분주해 충동
적으로 행동하지 않은
지 돌아봐야 한다.

마 범죄처럼 물을 시간도 없고 조용히 앉아 되돌아볼 시간도 없다. 한 번만 더 생각하면 일어나지 않았을 일이 일어나고 있다.

예수 믿는 사람도 마찬가지다. 좀 더 묵상하고 기도할 시간이 필요한데, 우리 역시 너무 분주하다 보니 충동적으로 행동해 갈등을 빚기도 한다.

어느 초등학교에서 흉기 난동 사건이 일어났다. 18세 소년이 초등학교에 잠입해 무방비 상태의 어린 학생들을 위협해 피해를 입혔다. 평소 가정불화로 정서가 불안했던 소년은 범행 후 극단적 선택을 하려고 했는지 그의 소지품에서 유서처럼 보이는 메모가 발견됐다. 그 메모에는 소년이 평소 어떤 생각을 했는지 알 수 있는 내용이 적혀 있었다.

"열심히 노력해서 언젠가는 성공한다고 해도 제겐 절대 바꿀 수 없는 것들이 있습니다. 하면 안 된다는 것을 알면서도 저질렀으니 모두에게 미안하다는 변명은 안 하겠습니다"

한국형사정책연구원에서 펴낸 〈묻지마 범죄자의 특성 이해 및 대응 방안 연구〉에 따르면 묻지마 범죄가 일어나는 가장 큰 원인은 사회에서 겪은 낙오 때문이라고 한다.

가해자가 사회에서 단절과 고립을 경험하면서 자기 처지에 대한 비관과 상대적 박탈감이 불만과 분노의 형태로 나타나 불특정 다수를 향한 범죄가 일어난다는 것이다.

우리는 어떤 일이 옳지 못하다고 느꼈을 때 분노한다. 그래서 분노를 부당한 대우에 항의하는 정당한 행위라고 생각한다. 분노를 표출하고 나서 감정적으로 후련함을 느끼는 것은 자신이 할 일을 했다고 믿기 때문이다. 그러나 연구에 따르면 분노가 먼저 일어나고 이미 저지른 행동에 대해 적당한 이유를 찾는 것이지 정당한 이유가 있어서 분노하는 것은 아니라고 한다.

우리는 사는 동안 분노를 조절할 수 있어야 한다. 좀 더 생각할 시간을 가지면서 묻지마 충동에 빠지지 않도록 주의해야 한다.

분노는 하나님의 의를 이루지 못하게 한다

성경은 분노를 조절해야 하는 중요한 이유에 대해 말씀하고 있다.

사람이 성내는 것이 하나님의 의를 이루지 못함이라 20절

여기서 '성내다'는 헬라어로 '오르게'라고 하며 '분노하다'라는 뜻을 가지고 있다. 이는 단순히 성내는 정도가 아니라 격분한다는 뜻이다.

너희는 먼저 그의 나라와 그의 의를 구하라 마6:33

하나님의 의를 구해야 한다는 것은 예수님도 산상수훈의 결론처럼 하신 말씀이다. 하나님의 의를 이루기 위해 가장 기본적이고 중요한 일은 분노를 조절하는 것이다.

헬라 시대에 '오르게'는 '분노는 억제되지 않은 감정의 표출이다'라는 뜻으로 사용됐다.

야생마를 가축으로 키우거나 군사용으로 쓰려면 제어를 할 수 있어야 한다. 제어하지 못하면 야생마로 그 능력이 탁월할지 몰라도 길들여 쓸 수 있는 말이 되지 못한다. 야생마는 억제되지 않는 감정을 갖고 있어 자기 마음대로 하려고 한다. 사람의 다스림을 받지 않으려고 한다. 사람의 경우 야생마처럼 감정을 제어하지 못하거나 분노를 제어하지 못하면 쓰임 받을 수가 없다.

분노는 악을 생산한다. 분노를 억제하지 못하면 제어할 수 없는 악이 만들어진다. 그래서 분노는 사람이 버려야 하는 성격적 결함이다.

더 나아가서 분노는 성격상의 문제에서 그치는 것이 아니라 하나님의 의를 이룰 수 있느냐 여부의 문제로 확장되기 때문에 반드시 버리도록 힘써야 한다.

분노가 가져오는 후폭풍

야곱이 세상을 떠나면서 모든 자녀에게 남긴 유언이 있는데, 그중 시므온과 레위에게는 분노와 관련된 말을 남겼다.

> 시므온과 레위는 형제요 그들의 칼은 폭력의 도구로다 내 혼아 그들의 모의에 상관하지 말지어다 내 영광아 그들의 집회에 참여하지 말지어다 그들이 그들의 분노대로 사람을 죽이고 그들의 혈기대로 소의 발목 힘줄을 끊었음이로다 그 노여움이 혹독하니 저주

를 받을 것이요 분기가 맹렬하니 저주를 받을 것이라 내가 그들을
야곱 중에서 나누며 이스라엘 중에서 흩으리로다 창 49:5-7

누이 디나의 일로 참지 못한 분노는 시므온과 레위에게 저주로
돌아왔다. 시므온과 레위에게 분노는 한순간에 무너지는 도미노처
럼 여러 문제가 얽혀 삶을 무너뜨렸다. 그들은 분노를 조절하지 못
하고 사람을 죽였다. 분노가 조절되지 못하면 이어지는 것은 폭력이
다. 폭력이 이어지면 그다음은 죄로 발전하게 된다.

분을 내어도 죄를 짓지 말며 해가 지도록 분을 품지 말고 마귀에
게 틈을 주지 말라 엡 4:26-27

분노를 멈추지 못하면 결국 죄와 연결된다. 죄의 삯은 사망이라
고 했다. 분노는 감정의 표출로 그치지 않고 죄로 연결되기 때문에
빨리 차단해야 한다. 그러나 이것이 말처럼 쉽지 않다.

분을 품는 것은 마귀에게 틈을 주는 일이다. 분노하는 순간 마귀
는 그 틈을 노려 우리를 지배하고 장악하려고 든다. 마귀에게 틈을
주는 것은 어서 들어오라고 대문을 열어주는 것과 다르지 않다.

결국 분노의 종착지는 저주다. 야곱의 예언 가운데 '흩어버리다'
는 '산산조각 내어 힘을 가질 수 없게 만들다'라는 뜻이 있다. 곧 무
력화시킨다는 것이다. 그러면 하나님의 의를 이룰 수 있는 기회를
잃게 된다. 우리는 분노의 상황이 닥쳤을 때 이 말씀을 기억하며 분

노를 이겨내야 한다.

> 미련한 자는 당장 분노를 나타내거니와 슬기로운 자는 수욕을 참
> 느니라 잠12:16

분노를 참지 못하면 미련한 자가 되는 불명예를 떠안게 된다. 하나님은 우리를 복으로 인도하기를 원하시지 저주로 이끄시는 분이 아니다. 그 복의 길로 들어가기 위한 조건 가운데 하나가 분노를 없애는 것이다. 분노는 저주를 부르기 때문이다. 교회가 분노하는 공동체가 되는 순간 산산이 흩어지고 만다. 이것은 어느 집단에서도 마찬가지다.

거룩한 손으로 분노를 다스리라

어떤 사람이 한경직 목사님에게 "교회가 잘되기 위해서는 어떻게 하면 될까요?"라고 질문했다. 그 질문에 한경직 목사님은 명쾌하게 답하셨다.

"안 싸우면 되지!"

싸움이 일어나는 이유는 분노 때문이다. 단순히 마음에 들지 않는 것에서 그치지 않고 분노로 발전하면 싸우게 된다. 분노 때문에 일어난 싸움은 하나님의 의를 사라지게 한다. 가정이나 교회 공동체 안에서 일어난 분노는 그동안 쌓아올린 공적을 무너뜨릴 뿐 아니라 그 안에 깃든 하나님의 영광도 무너뜨린다.

우리는 신앙인다움을 회복하기 위해 분노를 다스릴 수 있는 능력을 구해야 한다. 분노는 참기만 해서 사라지는 것이 아니다. 하나님의 의를 이루는 것과 동시에 분노를 다스릴 수 있는 성령의 은혜를 구체적으로 간구해야 한다.

> 그러므로 각처에서 남자들이 분노와 다툼이 없이 거룩한 손을 들어 기도하기를 원하노라 딤전 2:8

성경 말씀처럼 우리는 어디서나 어떤 형편이든지 다툼 없이 분노를 다스릴 수 있도록 거룩한 손을 들어 기도해야 한다.

첫 번째 강력한 영적 무기, 부드러운 말

어떻게 해야 분노를 다스릴 수 있을까? 분노하지 않기 위해 필요한 첫 번째 도구는 '말'이다(19절).

우리는 말 때문에 많이 싸운다. '그때 그 말만 하지 않았어도 싸우지 않았을 텐데'라고 후회한 적이 얼마나 많은가! 말 한 마디는 아무리 오랜 시간 두텁게 쌓아 온 관계도 매정하게 잘라버리는 힘을 갖고 있다.

성경은 "말하기는 더디 하며"라고 말씀한다. 말하기 전에 먼저 무엇 때문에 분노가 솟는지 생각해 보고 천천히 말하라는 것이다. 분노와 마주했을 때 감정대로 쏟아내는 마구잡이식의 말이 아니라 부드럽게 정제한 말을 한다면 분노가 지피는 저주의 불을 막아낼 수 있을 것이다.

마하트마 간디(Mahatma Gandhi)의 손자인 아룬 간디(Arun Gandhi)는 《비폭력 대화》(한국NVC센터 역간)의 초판 머리말에서 다음과 같이 말했다.

"이 세상은 다 우리가 만들어놓은 것이다. 오늘날 이 세상이 무자비하다면 우리의 무지비한 태도와 행동이 그렇게 만든 것이다. 그러므로 우리 자신이 변해야 우리가 이 세상을 바꿀 수 있다. 자신을 바꾸는 것은 우리가 매일 쓰는 언어와 대화 방식을 바꾸는 것으로 시작된다."

우리가 쓰는 언어와 대화 방식에 따라 공동체가 바뀐다면 말을 더욱 조심하지 않을 수 없다. 폭력적인 대화가 오가는 공동체는 분노로 가득 채워질 것이다. 반면 사랑이 담긴 대화는 공동체를 부드럽게 할 것이다.

> 우리가 쓰는 언어와 대화 방식에 따라 공동체가 바뀐다. 자신부터 부드러운 언어로 바꾼다면 공동체는 더욱 밝아질 것이다.

"가는 말이 고와야 오는 말이 곱다"라는 속담처럼 남에게 요구할 것 없이 자신이 쓰는 언어와 대화 방식을 부드럽게 바꾼다면 가장 가까운 가정과 교회 공동체부터 분위기가 밝아질 것이다. 말을 쉽게 바꿀 수 없다면 적어도 분노의 말만큼은 하지 않도록 말을 더디 해야 한다.

고급 레스토랑에서는 큰 접시가 무색할 정도로 적은 양의 음식이 담겨 나온다. 과거에 고급스러움을 푸짐함과 화려함으로 표현했다면, 요즘은 한 접시에 하나의 음식을 깔끔하게 담아 단순하고 담박함으로 차이를 둔다.

말도 그렇다. 상황을 일일이 설명하기보다 한두 마디로 아껴서 중요한 말만 건네는 것이 훨씬 더 힘이 있다. 말을 더디게 해야 하는 이유도 여기에 있다.

세상은 속도를 강조하고 뒤처지면 패배한 사람으로 몰고 가지만, 말만큼은 더딘 사람이 힘을 얻는다. 말을 아끼고 부드럽게 표현하는 사람을 무기력하다고 말할 수는 없다.

두 번째 강력한 영적 무기, 먼저 들으라

신앙인답게 살기 위해 말을 더디 해야 한다면, 반대로 빠르게 해야 하는 것이 하나 있다. 바로 듣는 일이다. 성경은 분노를 피하고 부드러움을 얻기 위해선 듣는 일을 가장 **빠르게** 해야 한다고 말씀한다.

> 내 사랑하는 형제들아 너희가 알지니 사람마다 듣기는 속히 하고…
> 19절

여기서 '속히 하다'는 '다른 것보다 먼저'라는 뜻을 가진다. 가장 먼저 들어주라는 것이다.

상대방이 말할 때 우리는 그 말에 집중하기보다 자신이 해야 할 말을 생각하다가 내용을 놓치는 일이 많다. 귀는 항상 열려 있지만, 자신이 하고 싶은 이야기나 알려주고 싶은 정보가 있으면 상대방의 이야기를 제대로 듣지 못하는 것이다. 그러다가 상대방의 말이 끝날 때까지 참지 못하고 중간에 끼어들어 자신의 이야기를 먼저 하기도 한다. 그러나 부드러움을 갖추려면 다른 일보다 먼저 들어야 한다.

신명기에서 하나님은 이스라엘 백성에게 메시지를 전달할 때 서두에 이런 말씀을 늘 붙이셨다.

"이스라엘아, 들으라."

그런데 들으라는 말 앞에 한 단어가 더 붙기도 한다.

> 모세와 레위 제사장들이 온 이스라엘에게 말하여 이르되 이스라엘아 잠잠하여 들으라… 신 27:9

여기서 '잠잠하다'는 '속히'의 뜻과 비슷하다. "잠잠하여 들으라"는 말을 듣는 순간 마음속에 일어나는 여러 가지 들끓는 생각을 잠재우고 듣는 것부터 하라는 뜻이다.

상대의 이야기를 들을 때 마음속으로 다른 생각을 하고 있다면 그것은 '잠잠하여 듣는다'라고 말할 수 없다. 듣는 중간에 말을 하고 싶어 마음이 들끓고 있다면 상대의 말이 끝나자마자 자기 이야기를 할 것이다. 또한 남의 말을 끝까지 듣지 않으면 우리 안에 끓어오르는 감정이 앞서서 말을 더디 할 수가 없다. 그러다가 어떤 계기가 주어지면 쉽게 흥분하고 분노해서 하나님의 의를 이루지 못하게 된다.

시골에 살던 한 어머니가 딸과 함께 살아가기 위해 정말 열심히 일했다. 남편 없이 딸과 둘이 살고 있었는데, 하나밖에 없는 딸을 대학에 보내고 싶어 험한 일도 마다하지 않았다. 온갖 고생을 하며 뒷

바라지한 어머니의 소원대로 딸은 도심의 대학에 입학했다. 어머니는 입학식 날 딸이 입고 갈 옷을 기쁜 마음으로 준비했다. 그런데 딸이 옷을 입다가 갑자기 화를 내는 것이었다.

"엄마! 어제 이 스타킹 빨았지!"

구멍이 난 스타킹을 본 어머니는 손이 민망해졌다.

"아이고! 내 손 때문에 스타킹 올이 나갔구나."

"하나밖에 없는 스타킹인데 어떻게 해!"

딸은 화가 나서 학교에 갔고, 여름방학이 되어서야 어머니가 있는 시골 집으로 돌아왔다.

어느 날 주민센터에서 어머니의 주민등록증을 갱신해야 한다며 연락이 왔다. 딸은 어머니와 함께 주민센터를 찾아갔는데, 몇 번을 시도해도 어머니의 지문이 찍히지 않았다. 쉬지 않고 궂은일을 해서 손의 지문이 없어진 것이다.

"아주머니, 며칠 만이라도 일하지 않고 가만히 계셔야 지문이 나올 것 같습니다."

직원의 말을 들고 난 딸은 어머니의 손을 보았다. 구멍 난 스타킹 때문에 화가 났을 때 보이지 않았던 어머니의 거친 손이 거기 있었다.

우리는 여전히 듣는 일에 서툴다. 배우자의 이야기를 귀담아듣지 않고, 자녀가 고통스러워하며 말해도 자신의 경험에 비추어 별것 아니라며 잘 들어주지 않는다. 우리 안에 이미 많은 것이 차 있어 잠잠하지 못하고 듣지를 못하는 것이다. 그러나 자신의 생각을 줄이면 상대의 이야기가 들린다.

상대의 말을 끝까지 듣고, 그다음에 이야기를 시작하면 당연히 말이 더딜 수밖에 없다. 그러나 걸러진 말은 대화를 더욱 부드럽게 해주고, 경청은 상대가 말하고자 하는 것을 더 확실히 깨닫도록 해줄 것이다. 소통은 그때부터 일어난다. 그로 말미암아 서로를 오해 없이 받아들이게 되어 그 관계가 더욱 돈독해질 것이다.

너희는 귀를 기울여 내 목소리를 들으라 자세히 내 말을 들으라
사 28:23

'듣다'는 뜻을 가진 영어 단어로 'hear'와 'listen'이 있는데 두 단어의 쓰임이 다르다. 'hear'는 귀가 있어 저절로 듣게 되는 것이라면, 주의 깊게 들을 때는 'listen'을 쓴다.

> 귀에 저절로 들릴 때는 'hear'를 쓰고 주의 깊게 들을 때는 'listen'을 쓴다. 그러므로 귀 기울여 들으려면 마음이 담겨야 한다.

듣고 싶지 않은 이야기는 잘 들리지 않는 반면, 관심 있는 이야기는 집중하지 않아도 잘 들린다. 마음이 쏠려 있기 때문이다. 말할 때도 마찬가지지만 귀 기울여 들으려면 마음이 담겨야 한다.

듣는 것은 결국 마음의 문제다. 제대로 듣지 않아서 오해가 생기고, 오해가 생기면 목소리가 커져 분노하게 된다. 이렇게 문제가 확장되면 하나님의 의를 이룰 수 없다. 그러므로 우리는 분노를 피하고 부드러워지기 위해 먼저 마음을 담아 잘 들어야 한다.

하나님의 말씀을 환영하는 마음으로

대화를 못하는 사람은 대개 자신만의 생각에 갇혀 있다. 물도 고이면 썩듯 생각이 고립되면 악해진다. 악한 생각에 사로잡히면 분노가 쉽게 피어오르고, 그 분노는 다시 악을 몰고 와서 대화가 되지 않는 악순환을 불러온다.

성경은 부드러움을 간직하기 위해 악에서 멀어지라고 말씀한다.

> 그러므로 모든 더러운 것과 넘치는 악을 내버리고… 21절

하나님은 "내가 거룩하니 너희도 거룩할지어다"(레 11:45)라고 말씀하셨다. 하나님의 메시지는 악을 내어버리고 악에서 멀어질수록 더 자세히 들린다. 그래서 악과 맞서 싸우는 것이 아니라 악을 속히 피해야 우리를 깨끗하게 지킬 수 있다.

쿵후(gongfu)를 18계까지 수련한 사람은 손가락 하나로도 사람을 기절시킬 수 있다고 한다. 그런데 36계까지 수련한 사람은 상대방이 덤비면 도망친다. 맞붙으면 상대가 다치기 때문이다. 무능해서가 아니라 상대를 위해서 피하는 것이다.

악한 사람은 쉽게 분노하기 때문에 피하는 것이 좋다. 맞서 싸울수록 시끄러워질 뿐이다. 부드럽게 피하는 것을 패배라고 말하지 않는다. 악한 바람에 풀처럼 부드럽게 누울 줄 아는 것은 지혜다.

부드러움은 진정한 승리를 가져오는 그리스도인의 강력한 영적 무기다.

···너희 영혼을 능히 구원할 바 마음에 심어진 말씀을 온유함으로
받으라 21절

우리는 악에서 멀어지기 위해 하나님의 말씀을 영혼으로 받아야
한다. 성경에서 '받다'는 헬라어로 '데코마이'인데, 이 단어는 두 가
지 뜻을 가진다.

첫째, '환영하다'라는 뜻이다. 영어 성경
에서 온유함은 '겸손하게, 황송하게'라는 뜻
의 'humbly'를 쓴다. 하나님의 말씀에 수긍
하는 것을 넘어 환영하는 마음으로 "아멘"
이라고 외치는 것은 우리에게 복이 된다.

하나님의 말씀에 수긍
하는 것을 넘어 환영하
는 마음으로 "아멘"이라
고 외치는 것은 우리에
게 복이 된다.

사실 하나님의 말씀이라도 자기 생각이나 경험과 다르면 따라가
는 데 망설이게 된다. 말씀을 전하는 목회자가 마음에 들지 않으면
그 말씀이 들리지 않고 반항심만 올라온다. 그러나 예수 믿는 사람
은 이 모든 것을 내려놓고 하나님의 말씀을 언제나 환영할 수 있어
야 한다.

둘째, '자신의 것으로 만들다'라는 뜻이다. 말씀은 남에게 들려주
려고 듣는 것이 아니라 나를 위해 듣는 것이다.

하나님은 각자의 모양에 따라 하나님의 방법대로 말씀을 전해주
신다. 그런데 아무리 오랫동안 예수를 믿어도 말씀을 자신의 것으로
받아들이지 못하면 능력이 될 수 없다. 우리는 말씀을 자신에게 주
시는 하나님의 메시지로 받아들여야 한다. 이것은 우리를 부드러운

사람으로 만드시려는 하나님의 계획이기도 하다.

탕자 이야기에는 집 나간 둘째아들이 등장한다. 그런데 이 이야기에 숨은 탕자가 한 명 더 있다. 바로 집 나갔던 동생을 환대하는 아버지가 못마땅한 맏아들이다. 불만에 가득 찬 맏아들은 아버지의 말씀을 자신의 것으로 받아들이지 않고 튕겨냈다.

> 그가 노하여 들어가고자 하지 아니하거늘 아버지가 나와서 권한
> 대 눅15:28

여기서 '권하다'는 '간청하다'라는 뜻이다. 아버지는 맏아들에게 둘째아들이 돌아왔으니 함께 기뻐하자고 간청했다. 그럼에도 맏아들은 노하여 들어가지 않으려고 했다. 자신의 생각이 너무 많아서 잠잠하지 못하니 아버지의 간청하는 소리가 자신의 것이 되지 못한 것이다. 억울함과 불평, 원망으로 가득 차서 말씀을 자신의 것으로 받아들이지 못한 것이다.

그러므로 아버지와 늘 함께 있어서 아버지의 것이 모두 자신의 것이었음에도 돌아온 동생을 환대하고자 하는 아버지의 마음을 헤아리지 못한 채 서운한 마음을 드러낸 맏아들 역시 탕자라고 할 수 있다.

우리는 하나님의 말씀을 자신의 것으로 만들기 위해 생각을 부드럽고 유연하게 해야 한다. 하나님의 말씀 앞에서는 자기 생각도, 계획도 없는 바보여도 된다. 하나님의 말씀을 받으면 우리 영혼이

살아나게 될 것이기 때문이다.

때때로 하나님의 말씀과 우리 생각이 부딪히는 순간이 오기도 한다. 그때는 과감히 우리 생각을 버리고 하나님의 말씀을 받아들여 보라. 그러면 신앙인다움을 회복할 뿐 아니라 예기치 않은 하나님의 기적이 선물처럼 올 것이다. 하나님의 말씀을 선택하면 힘겨운 순간이 있을지라도 성장 과정일 뿐 후회는 없다.

우리는 하나님의 말씀에서 능력을 받아 사는 신앙인이다. 하나님의 말씀대로 분노를 이기는 부드러움으로 말을 더디 하고, 마음을 담아 귀 기울여 듣는다면 나로 말미암아 하나님이 기뻐하시고, 공동체도 더욱 밝아져 힘을 얻게 될 것이다.

3 위로부터 난 지혜의 열매를 거두라

> 오직 위로부터 난 지혜는 첫째 성결하고 다음에 화평하고 관용하고 양순하며 긍휼과 선한 열매가 가득하고 편견과 거짓이 없나니 화평하게 하는 자들은 화평으로 심어 의의 열매를 거두느니라(약 3:17-18).

험한 환경도 마다하지 않는 적송처럼

집이나 건축물을 세울 때 목수들의 우두머리를 도편수 또는 대목장이라고 부른다. 우리나라에는 신응수라는 대목장이 있다. 그는 숭례문과 경복궁을 복원할 때 책임자로 일했던 사람이다. 그가 나무에 대해 이런 이야기를 했다.

"우리나라에서 궁궐을 지을 때 가장 적합한 목재는 적송입니다. 적송은 나이테가 좁고 나무색이 붉어 최고 재료로 칩니다. 나이테가 넓은 나무는 좋은 환경에서 쉽게 자랐기 때문에 속이 무르고 잘 갈라져 중요한 건축물의 자재로 쓰이지 못합니다. 반대로 적송은 아주 험한 환경에서 자란 나무여서 나이테가 촘촘하고 강도도 단단합니다. 그래서 건축하고 나면 뒤틀림 없이 천년을 이기지요. 사람 또한 그러합니다."

좋은 환경에서 쉽게 자라면 쓸 만한 재목이 될 수 없듯 사람도 좋은 환경에서만 자라면 갑작스럽게 닥친 어려운 환경을 이겨내기가 어렵다. 비록 풍요로운 환경에서 자라지 못하고 성장하는 데 시간이 걸릴지라도 그 환경을 딛고 일어서야만 좋은 재목, 훌륭한 인물이 된다. 그래서 그의 마지막 말을 이렇게 바꿔 읽고 싶다.

"신앙인 또한 그러하다!"

주일에 교회 출석해 예배를 드리면 예수 믿는 사람이라 말하고, 예수 그리스도를 자신의 삶에 주인으로 고백하면 종교를 적는 난에 당연한듯 기독교라고 적는다.

우리는 너무 쉽게 예수를 믿고 사는 것은 아닌지 되돌아봐야 한다. 쉽게 예수를 믿은 것처럼 어려운 상황이 닥치면 예수 믿는 사람다움을 가차 없이 포기해버리는 것은 아닌지 스스로에게 질문할 필요가 있다.

> 험한 환경에서 성장해 쓰임 받는 적송처럼 단단하고 강도 높은 신앙의 삶을 사는 것이 신앙인다움을 간직하는 일이다.

험한 환경에서 성장해 쓰임 받는 적송처럼 단단하고 강도 높은 신앙의 삶을 견디다 보면 하나님은 우리를 통해 아름다운 일을 행하실 것이다. 또한 이렇게 사는 것이야말로 신앙인다움을 간직하는 일이기도 하다.

첫 번째 관용, 모욕을 받고도 화내지 않는 예수의 성품

신문을 보면 지금 사회가 어떻게 돌아가는지 진단할 수 있다.

위층에 사는 사람이 시끄럽다는 이유로 살해했다는 이야기가 간간이 들려온다. 층간 소음이 사람을 죽이는 이유가 된 것이다. 또한 음식을 시켜놓고 몇 분 지나지 않았는데도 탁자를 치면서 빨리 달라고 소리치다가 급한 성질에 못 이겨 그냥 나가버리는 사람도 있다. 편의점에서는 점원이 늦게 계산한다고 소리 지르면서 물건을 집어 던지는 사람도 있다.

이는 다른 나라에서 일어난 일이 아니라 우리나라에서 일어난 일이다. 요즘 우리나라 사람들에게 분노는 심각한 질병이 되었다. 너무 쉽게 분노하는 탓에 '욱하는 한국인'이라고 할 정도다.

우리는 어떻게 해야 예수 믿는 사람답게 화평한 공동체를 만들 수 있을까?

> 오직 위로부터 난 지혜는 첫째 성결하고 다음에 화평하고 관용하고 양순하며 긍휼과 선한 열매가 가득하고 편견과 거짓이 없나니 17절

화평을 심는 인생이 되기 위해서는 먼저 자신을 들여다보며 성결함을 추구해야 한다. 이것이 스스로에게 해야 할 일이라면, 남에게 해야 할 일은 관용이다.

위층에서 소리가 나면 아이들이 즐겁게 뛰어논다고 생각하기보다 배려심이 없다고 화부터 나는 것이 사실이다. 이런 일이 계속되

면 마음이 동맥경화에 걸리기라도 한 듯 사소한 일에도 좁아진 마음을 이기지 못하고 분노가 폭발한다.

심리학자들은 이런 문제의 원인을 대화의 훈련이 되지 않았기 때문이라고 지적한다. 상대방이 어떤 의견을 말하면 자신을 공격하는 것으로 여기고 곧장 응징해야 한다고 생각하는 것이다.

'관용'은 억제되지 않는 분노나 가혹함, 야수성, 이기심과 반대되는 개념이다. 조금만 건드려도 터져버리는 좁은 마음이 아니라 무엇이든 품는 넓은 마음이다. 관용에서 '관'은 '너그러울 관'(寬)을 쓰고, '용'(容)은 '집 면'(宀)과 '계곡 곡'(谷) 자가 합쳐진 글자를 사용한다. 따라서 관용은 내 집 같은 편안함과 모든 것을 감싸 안는 계곡의 푸근함을 느낄 수 있는 너그러운 마음이라는 의미로 사용된다.

> 관용은 모욕당하고도 화내지 않는 성품이다. 이는 예수님의 성품이기도 하다. 우리는 예수님의 성품을 따라가도록 힘써야 한다.

관용이 신앙인에게 필요한 이유는 모욕당하고도 화내지 않는 성품을 만들어 주기 때문이다. 이는 우리를 위해 고난 받으신 예수님의 성품을 닮아 가는 것이기도 하다.

그가 곤욕을 당하여 괴로울 때에도 그의 입을 열지 아니하였음이여 마치 도수장으로 끌려가는 어린 양과 털 깎는 자 앞에서 잠잠한 양같이 그의 입을 열지 아니하였도다 사 53:7

우리는 모욕을 잘 견디지 못한다. 어느 때는 더 세게 되받아쳐야 속이 후련하다. 그러나 우리는 모욕당하고도 화내지 않는 예수님의 성품을 따라가야 한다. 성경 말씀을 빌리면 "신성한 성품에 참여하는 자"(벧후 1:4)가 되어야 한다.

분노를 조절할 수 있고 넓은 마음으로 다른 사람의 잘못을 받아준다면 모욕 등의 공격은 금세 무기력해지고, 동시에 온유의 씨앗이 뿌려질 것이다. 마음에 관용을 품으면 그와 함께 순하고 선량해지는 양순도 지니게 된다.

우리는 예수 믿는 사람이다. 예수 믿는 사람에게 독한 얼굴은 적절하지 않다. 어떤 것이 옳다고 해도 정의 구현이라는 명목으로 독해지는 것보다 그리스도의 향기, 세상을 섬기는 거룩함을 발할 수 있어야 한다. 우리에게 어떤 손해가 닥쳐도 주님이 좋은 것으로 갚아주실 것을 믿으며 어디서든 넓은 마음으로 양순해져야 한다. 이것이 위로부터 내려오는 지혜다.

두 번째 관용, 타인의 감정을 존중해주는 것

나와 다른 생각을 가졌다고 해서 무조건 싫다는 생각이 든 적이 있는가? 관용은 자신과 타인의 차이를 인정하고, 서로 다름을 존중해주는 것이다.

'관용'은 16세기 프랑스 종교개혁 시기에 등장한 단어인데, 프랑스어로는 '톨레랑스'(tolerance)라고 한다.

당시 사람들은 종교 갈등으로 수십 년 동안 죽음의 전쟁을 치러야 했다. 이 전쟁으로 수십만 명의 신교도가 목숨을 잃었다. 자신과 생각이 다르다는 이유로 타인의 목숨을 하찮게 여겼기 때문이다. 그 후 오랜 전쟁에 지친 사람들은 '톨레랑스'를 외치며 서로를 존중하게 되었다고 한다.

생활 속에서 관용이라는 단어를 잘 사용하지 않지만, 우리가 마주하는 일상은 많은 곳에서 관용의 정신을 필요로 한다.

예를 들면 부부는 서로 다른 환경에서 자랐기 때문에 성격이나 가치관이 다를 수밖에 없다. 그런데 사소한 일에서 배우자의 가치관을 건드려 상처를 주거나 싸움이 일어나기도 한다.

우리는 차이로 일어난 관계의 간격을 사랑과 관용으로 메울 수 있어야 한다. 상대의 입장에 서서 '어떤 감정이 들었을까'라고 생각해 봐야 하는 것이다.

우리나라는 급격한 경제성장으로 문화와 인식 역시 빠르게 변화하면서 갈등으로 몸살을 앓는 과도기를 지나고 있다. 부모와 자녀, 고부, 장서 등 가족 갈등을 비롯해 다문화 가정, 새터민 가정에 대한 차별 문제까지 관용이 필요하지 않은 곳이 없다.

모든 갈등의 해결은 자신과 다름을 인정하는 것에서 시작된다. 상대의 처한 상황이나 감정을 알아주기만 해도 많은 갈등이 해소될 수 있다.

그러나 개인주의와 이기심으로 우리는 타인의 감정을 잘 읽어주지 못한다. 상대가 밤잠을 이루지 못할 정도로 고통스러워한다는 사실을 외면한 채 자신이 옳다고만 생각하는 것이다.

누구에게나 잘하는 일과 못하는 일이 있다. 또한 사람에 따라 좋은 환경이 주어지기도 하고 열악한 환경이 주어지기도 한다. 이때 사람들은 자신과 다름을 잘잘못으로 판단하는 실수를 저지른다.

그러나 신앙인의 모습은 달라야 한다. 자신과 다른 환경에서 자란 상대를 존중하고, 그의 마음을 읽을 수 있도록 힘써 배우고 연습해야 한다.

한 여자의 이야기다. 중학생이었을 때 그녀의 부모는 갈등 끝에 이혼하고 말았다. 한창 예민한 시기이기도 해서 그녀에게 부모의 이혼은 큰 상처가 되었다. 그래서 성인이 되어서도 아픈 기억 때문에 남자 만나는 것이 두려웠다. 그러다가 한 남자를 알게 되었고, 이 남자라면 결혼해도 되겠다는 마음이 들 만큼 사랑하게 되었다.

어느 날 남자가 여자에게 돌아오는 명절에 자기 집에 가서 가족에게 인사하자고 했다. 그녀는 어렵게 용기를 내어 남자의 집에 갔다. 명절이다 보니 부엌일을 돕게 되었는데, 잘 보이기 위해 무슨 일이든 열심히 했다. 그러다가 화장실에 가려고 거실을 지나가는데 건넛방에서 남자 가족들의 말소리가 들렸다.

"부모가 일찍 이혼했대. 아버지도 없이 근본도 모르고 자란 아이일 거야. 우리와는 격에 맞지 않는데도 결혼하겠다고 뻔뻔하게 집까지 찾아온 걸 봐."

그 이야기를 들은 여자는 참담한 마음이 들어 도저히 남자와 결혼할 수가 없었다. 그 후 남자의 간절한 회유와 구애로 어렵게 결혼을 승낙했지만, 여자에게 그 일은 떠오르기만 해도 아픈 상처가 되었다. 부모의 이혼은 그녀의 잘못이 아님에도 그녀에게 깊은 아픔과 상처를 남긴 것이다.

사실 우리는 타인의 감정을 생각하지 않고 서슴없이 말을 내뱉을 때가 있다. 자기 눈에 보인다고 해서 그 사람의 부족함을 쉽게 말한다면 상대에게 큰 상처를 입힐 수 있다. 그 부족함을 메우기 위해 애쓰고 있는 사람에게 필요한 것은 따뜻한 말의 격려이지 지적과 같은 날카로운 말이 아니다.

그래서 예수 믿는 사람은 넓은 마음으로 남의 감정을 존중하도록 훈련해야 한다. 또한 그렇게 할 수 있도록 기도해야 한다. 자신 때문에 상대방이 아픔이나 좌절을 겪지 않도록 조심하며 행동 하나하나에 더 신중해야 한다. 그래야 위로부터 내려오는 지혜를 받은 사람이라고 말할 수 있다.

말씀을 이루는 삶으로 밑줄을 그으라

요즘 많은 사람이 힐링에 관심을 갖고 있다. 그만큼 상처 입고 마음 둘 곳 없는 사람이 많다는 뜻인데, 문제는 모두가 힘든 시기를 지나고 있어 다른 사람의 힘겨움을 받아줄 여유가 없다는 것이다.

어떤 사람이 자신의 어려움을 알아줬으면 하는 마음에 힘든 일을 어렵게 이야기했는데, 상대가 잘 들어주고 그 마음을 알아주기보다 별것 아니라며 오히려 자기가 더 힘들다고 목소리를 키우는 것이다. 이때 상대방의 감정을 배려할 수 있다면 그 배려는 우리에게 유익함을 가져다주는 기회가 될 것이다.

모욕당해도 화내지 않는 관용의 마음이 양순을 겸한 것이라면 남의 감정을 잘 배려해주는 것은 긍휼과 자비를 가지고 온다.

선한 행동을 했을 때 기쁜 마음이 드는 것은 한 가지 선행으로 선한 열매가 풍성하게 열리기 때문이다. 그래서 위로부터 내려온 지혜, 즉 성령의 은혜로 긍휼함이 있는 하나님의 사람에게는 거짓이 없다. 여기서 '거짓이 없다'는 '가식적이지 않다' '위선적이지 않다'라는 뜻이다.

도자기에 금이 갔을 때 양초의 촛농을 녹여 바르면 그 틈으로 촛농이 들어가 깨진 틈이 채워진다. 그런데 불을 가까이 가져다 대면 촛농이 녹아 금 간 자국이 금방 드러난다.

'거짓이 없다'는 본래의 것과 같음을 뜻한다. 위선과 가식은 앞과 뒤가 다르다. 겉이 말끔해서 샀는데 금이 간 도자기라면 도자기로써 가치를 잃게 된다. 사람도 이와 같다. 얼굴은 웃고 있지만 마음속에서 칼을 들

> 겉이 말끔해서 샀는데 금이 간 도자기라면 도자기로써 가치를 잃게 된다. 사람도 이와 같다.

이대고 있다면 화평을 이룰 수 없다. 그러므로 화평의 씨앗을 심는 하나님의 사람은 앞뒤가 같아야 한다.

한때 많은 인기를 얻은 드라마 〈그 겨울, 바람이 분다〉에서 남녀 주인공은 남매로 만났다. 여자는 부유한 집에 살았지만 시각장애를 가졌다. 어느 날 갑자기 그 여자에게 잃어버린 오빠가 찾아왔다. 남자가 여자의 오빠로 가장해 목적을 갖고 접근한 것이다. 그런데 시각장애를 가진 사람은 시각 대신 청각을 비롯해 나머지 감각이 발달

해 있다. 여자는 오빠로 가장한 남자의 말을 듣고 이렇게 말했다.

"네가 나에게 오빠라고 하지만 난 아직까지 오빠라고 마음을 열기가 어려워. 오빠 이야기에는 꾸밈이 있어. 뒷말 끝이 조금 힘 있게 올라가는 것이 가짜 같아. 자꾸 자기 말을 집어넣으려고 해."

부푼 풍선을 물속에 집어넣으면 다시 떠오르는 것처럼 거짓은 금방 드러나게 되어 있다. 거짓 없는 것은 있는 그대로 자연스럽다. 거리낌이 없기 때문이다. 이는 태초의 에덴동산에 살았던 원초적인 인간처럼 옷을 걸치지 않아도 부끄럽지 않은 것과 같다.

사실 속이기 시작하면 자꾸 거짓이 붙는다. 가식 뒤에는 숨은 의도와 계획이 있어서 절대 화평의 씨앗을 뿌릴 수도 없고, 올바름의 열매를 맺을 수도 없다. 그래서 예수 믿는 사람은 가식과 위선을 없애고 정직해져야 한다.

"성경이 아니라 생활에 밑줄을 그어야 한다는 그의 말은 집사들 사이에서 맹렬한 분노를 자아냈다."

천재 시인 기형도가 쓴 〈우리 동네 목사님〉에 나오는 시의 한 구절이다.

> 성경이 아닌 생활에 밑줄을 긋는 것은 성경과 삶이 하나 되어 가식과 위선을 지워야 한다는 뜻이다.

동네 목사님은 성경이 아니라 생활에 밑줄을 그으라고 말했다. 이는 성경을 읽지 말라는 뜻이 아니었다. 성경과 삶이 하나 되어 가식과 위선을 지워야 한다는 뜻으로 말한 것이었다. 그런데 성도들은 목사가 성경을 읽지 말라고 말한 것으로 오해해 분노했다는 내용이다.

예수 믿는 사람은 하나님의 말씀을 이루는 삶으로 밑줄을 그어야 한다. 우리가 성전에서 예배를 드리고 설교를 듣는 것도 하나님의 말씀을 이루며 위로부터 내려온 지혜자로 살기 위해서다.

미우라 아야코는 소설《빙점》을 쓰며 이렇게 기도했다.

"주님, 이 소설이 주님의 이름을 욕되게 한다면 쓸 수 없게 하소서. 이 소설을 통해 하나님의 이름이 높여지기를 원합니다."

그녀는 일 년 동안 매일 기도하고 말씀 읽고 난 다음 하루에 원고지 3.5매를 쓰고 잤다고 한다.

우리로 말미암아 하나님의 이름을 욕되게 해서는 안 된다. 하나님의 사람은 화평의 씨앗을 뿌려 의의 열매를 거둬야 한다. 이를 위하여 자신을 들여다보며 성결하기를 힘쓰고 남에게는 관용을 베풀어야 한다.

관용을 베푸는 사람은 양순하고 긍휼과 자비가 풍성하며 앞뒤가 똑같다. 우리는 이것을 늘 묵상하면서 많은 지혜의 열매를 맺기 위해 끊임없이 기도해야 한다.

Chapter 5

자리를 지키는
신앙인

1 경건으로 무장된 인생

누구든지 스스로 경건하다 생각하며 자기 혀를 재갈 물리지 아니하고 자기 마음을 속이면 이 사람의 경건은 헛것이라 하나님 아버지 앞에서 정결하고 더러움이 없는 경건은 곧 고아와 과부를 그 환난 중에 돌보고 또 자기를 지켜 세속에 물들지 아니하는 그것이니라(약 1:26-27).

신앙의 본능적 운동

어떤 일에 능숙해서 그 역량이 다른 사람과 비교했을 때 두드러지게 차이가 나는 사람을 '달인'이라고 한다. 달인은 오랜 시간 어떤 일을 하기 위해 숙련을 거친 사람이다.

그렇다면 우리 신앙인은 어떠한가? 오랫동안 예수님을 믿으며 살아가고 있는데, 그 세월만큼 신앙 훈련이 잘 되어 있는가? 물론 하나님의 이름을 빛내며 신앙인답게 살아가는 믿음의 사람도 있지만, 어느 누구도 예수 믿는 일에 있어서는 신앙생활을 오래했다고 해서 숙련도를 장담할 수 없을 것이다.

숙련은 세월을 보내는 것만으로 생기지 않는다. 직접 해야 하며,

그 일이 능숙하게 될 때까지 오래 반복해야 한다. 그러면 언젠가 습관이 되어 자연스럽게 나온다.

프랑스 철학자인 라베송몰리앙(Felix Ravaisson-Mollien)은 "습관은 의지적 운동을 본능적 운동으로 변형한다"라고 말했다.

본능은 어떤 배움 없이 선천적으로 가지는 기질이다. 반면 습관은 어떤 행동이 자기 몸에 배도록 의지적으로 자리 잡게 하는 것이다. 그래서 습관을 만들려면 반드시 반복의 과정을 거쳐야 한다.

> 습관은 어떤 행동이 자기 몸에 배도록 의지적으로 자리 잡게 하는 것이다. 그래서 습관을 만들려면 반드시 반복의 과정을 거쳐야 한다.

만약 오랫동안 신앙생활을 했음에도 삶에서 신앙의 흔적을 찾아볼 수 없다면 말씀대로 따라 사는 훈련을 거치지 않았기 때문일 것이다. 듣기만 하고 실천하지 않으면 속이는 자가 된다.

우리나라 클래식 음악계에 자신의 존재감을 확실히 알린 성악가가 있다. 베이스 연광철 씨다. 그의 가정환경은 그리 화려하지 않다. 가난한 집안 형편 탓에 농사일을 도우면서 공업고등학교를 나왔고, 고등학교 3학년 때 성악으로 진로를 변경해 지방 대학의 음악교육과를 졸업했다.

지금 그는 세계적인 베이스 성악가가 되어 있다. '바그너가 살아 있다면 꼭 찾고 싶어 할 목소리'라는 평가를 받을 정도로 세계 오페라 무대에서 떠오르는 보석으로 불리고 있다. 그가 음악계에서 조명을 받기까지 그냥 이루어진 일은 아무것도 없다.

그에게는 아름다운 음악을 하고 싶은 꿈이 있었다. 학위를 목표로 열심히 한 것이 아니라 그저 아름다운 음악을 하고 싶었다고 한다.

"특별한 것은 아니지만 이런 이야기는 할 수 있습니다. 두 딸이 어릴 때 기억하는 저의 모습은 지하실에서 노래 연습을 하는 것과 공연을 마치고 와서 자는 모습밖에 없었다고 합니다. 참 치열하게 살았죠."

꿈을 이루기 위해서는 그 꿈에 맞게 뒤따르는 실천이 있어야 한다. 그가 보석 같은 목소리의 주인공이 되고 사람들의 인정을 받게 된 데는 특별한 것이 없었다. 딸들의 기억 속에 아버지가 지하실에서 노래 연습을 하거나 공연을 마치고 너무 곤하게 자는 모습밖에 없을 만큼 끊임없이 훈련하는 것뿐이었다. 값진 것을 얻기 위해 시간과 열정이라는 값진 투자를 한 것이다.

신앙인다움을 회복하는 것도 마찬가지다. 예수를 믿는다고 해도 좋은 그리스도인이라 인정받기는 쉽지 않다. 그래서 성경은 실천을 통해 복을 받는다는 이야기를 들려주면서 그리스도인이 실천하고 훈련해야 하는 덕목이 무엇인지 말씀한다.

하나님 앞에서 결코 숨길 수 없는 나

예수 믿는 사람이 실천해야 하는 아주 중요한 덕목은 '경건'이다. 다른 사람들이 우리를 보면서 "저 사람은 경건한 그리스도인이야"라고 말할 수 있어야 한다. 경건의 의미를 정확히 알지 못하더라도 예수를 믿어 그런지 뭔가 다르다는 느낌을 줄 수 있어야 한다.

사실 누군가의 신앙을 판단하는 것은 좋은 일이 아니며, 어느 누구도 그것을 정확하게 평가할 수는 없다. 그럼에도 어떤 사람에게서는 경건의 향기가 묻어 나오는가 하면, 어떤 사람에게서는 경건한 모습을 찾아보기가 어렵다. 예수 믿는 사람이라면 경건한 그 무엇이 전달되어야 한다.

그런데 문제는 그 경건함이 느껴지지 않아서 세상에 신앙인다움이 전달되지 않는다는 것이다. 성경은 경건함이 전해질 수 있는 몇 가지 실천적 항목을 말씀한다.

> …자기 마음을 속이면 이 사람의 경건은 헛것이라 26절

경건의 훈련은 먼저 하나님 앞에서 우리 자신을 점검하는 것이다. 스스로 괜찮은 사람이라고 과대 포장하는 자신의 평가가 아니라 모든 것을 알고 계시는 전능하신 하나님께 결코 숨길 수 없는 자신의 모습을 고백하는 것이다.

> 경건의 훈련은 스스로 괜찮은 사람이라고 자신을 과대 포장하는 것이 아니라 전능하신 하나님께 결코 숨길 수 없는 자신의 모습을 고백하는 것이다.

들여다볼수록 우리가 얼마나 미약한 존재인지, 우리의 죄가 얼마나 하나님의 마음을 아프게 하는지, 또 사랑하는 가족에게 자신이 얼마나 부족한 사람인지 깨닫는 것이 경건의 훈련이다.

바리새인은 "나는 이 정도야"라고 말하는 사람이었다. 십일조를 철저히 지키고 오랫동안 기도해서 자신의 신앙생활이 이 정도라고

자랑했다. 반면 세리는 감히 하늘을 우러러보지 못하고, 다만 가슴을 치며 자신이 죄인임을 고백했다. 그때 주님이 말씀하셨다.

> 내가 너희에게 이르노니 이에 저 바리새인이 아니고 이 사람이 의롭다 하심을 받고 그의 집으로 내려갔느니라 눅18:14

경건은 자신의 수고를 자랑하는 것이 아니라 세리처럼 자신의 부족함을 알아서 "나는 아직…"이라고 말하는 것이다.

피를 보지 않고도 사람을 죽일 수 있는 칼

경건의 훈련을 하면서 점검해야 할 두 번째는 혀를 다스리는 것이다. 말은 신앙인이라면 반드시 받아야 하는 훈련이다.

누군가 말에 대해 이런 이야기를 했다.

"식당 종업원에게 반말하는 사람과는 절대 사귀지 말라."

이것은 그의 아버지가 돌아가시기 전 유언처럼 남긴 말이었다. 식당 종업원에게 반발하는 사람은 처지에 따라 다른 사람에게도 함부로 할 사람이라는 것이다.

말은 피를 보지 않고도 사람을 죽일 수 있는 예리한 검과 같다. 그런데 많은 사람이 말에 대해 조심하지 않고 함부로 휘두른다.

> 누구든지 스스로 경건하다 생각하며 자기 혀를 재갈 물리지 아니하고 자기 마음을 속이면 이 사람의 경건은 헛것이라 26절

말할 때는 기억해야 할 세 가지가 있다.

첫째, 이 말이 필요한 말인가?

둘째, 이 말이 진실한가?

셋째, 이때 해야 하는 말인가?

우리는 가장 먼저 지금 하는 말이 상대방에게 정말 필요한 말인지 생각해야 한다. 이런 생각은 어느새 혀에 재갈을 물려 말을 아끼도록 만들어준다.

다음은 진실한 말인지 점검해야 한다. 루머가 진실처럼 바뀌어 전달되거나 한 사람의 말이 전부의 생각인 것처럼 왜곡되어서는 안 된다. 상대에게 전할 말이 거짓되거나 과장되지 않았는지 점검하고 나서 말해야 한다.

마지막으로 정말 이때 해야 하는 말인지 생각해야 한다. 감정에 북받쳐 이야기하거나, 상황이 좋지 않은데 굳이 말해야 하는지 때를 잘 살펴야 한다.

만약 이 과정을 거치지 않고 말한다면 스스로 경건하다고 생각하며 자기 마음을 속이는 사람과 다르지 않다. 경건한 척은 모두 헛것이다.

> 마음에 가득한 것을 입으로 말함이라 마12:34

혀의 문제는 마음의 문제다. 혀에서 나온 것은 마음에도 그런 문제가 있는 것이기에 주의해야 한다.

조선일보에 연재된 〈광수 생각〉이 한동안 인기몰이를 한 적이 있다. 연재가 끝나고 십여 년이 지난 뒤 책으로 출판됐는데, 저자의 다음 글은 우리에게 생각할 거리를 많이 던져준다.

"몇 달에 한 번 스포츠 신문이나 잡지를 통해서 유명인의 스캔들 기사나 이혼 등의 가십 기사가 터집니다. 그 외에도 '카더라' 통신이 난무하는 세상입니다. 그때마다 생각에 잠깁니다. 세상을 살면서 자신 외에는 타인에 대한 배려가 그다지 없는 세상이라는 생각이 드는데, 그중에서도 특히 이혼 기사나 가십성 스캔들 기사에는 누군가 흘린 설탕물에 모인 개미 떼처럼 한 마디씩 합니다. '걔네들 이혼한 이유가 따로 있다며?' '걔네 원래 그런 걸로 유명하잖아' '내가 진작부터 그렇게 될 줄 알았어' 등의 말. 그 말 중에서 우리 인생을 살찌우는 말은 몇 마디나 될까요? 단언컨대 아마 단 한 마디도 없을 것입니다.

그러나 그 말이 누군가의 귀에 들어가고 그 말이 또 다른 이에게 옮겨지면서 심지어 최초 발언자의 의지와는 상관없이 말은 스스로 속도를 높이고 뭉툭했던 그 말의 끝이 야수의 혀끝처럼 날카로워져 종국에는 그 사람의 심장에 꽂히는 것을 수차례 보아 왔습니다. 그러한 일은 비단 유명인이나 연예인에게 국한된 일은 아닙니다. 옆집 아줌마가, 옆집 아저씨가 별 생각 없이 전한 동네 사람의 이야기도 누군가에게는 지워지지 않는 비수가 될 수 있습니다."

우리는 살면서 누군가의 인생을 살찌우는 말을 몇 마디나 해 왔는가? 반대로 누군가의 가슴을 찌르는 비수 같은 말을 또 몇 마디나 해 왔는가? 우리는 질문을 통해 늘 해 왔던 말들을 되돌아보며 혀를 제어할 수 있어야 한다.

영혼을 담은 주머니, 말

성경은 왜 이토록 말조심을 강조하는 것일까? 민수기의 말씀을 통해 그 이유를 알 수 있다.

> 이스라엘 자손이 나를 향하여 원망하는 바 그 원망하는 말을 내가 들었노라 그들에게 이르기를 여호와의 말씀에 내 삶을 두고 맹세하노라 너희 말이 내 귀에 들린 대로 내가 너희에게 행하리니
>
> 민 14:27-28

우리가 하나님께 들려드린 말대로 하나님이 행하신다는 것이다. 이스라엘 백성들이 하나님의 언약을 믿지 못하고 차라리 광야에서 죽었으면 좋았을 것이라며 원망의 소리를 높이자 하나님은 들린 그대로 행하셨다. 그 결과, 약속의 땅을 믿었던 여호수아와 갈렙을 제외한 이스라엘 1세대는 모두 광야에서 죽음을 맞았다.

우리에게 언어가 있는 것은 하나님께 부여 받은 특권이다. 그런 만큼 뒤따르는 책임이 있다. 하나님은 우리의 말을 들은 대로 행하시기 때문이다.

> 악인은 입술의 허물로 말미암아 그물에 걸려도 의인은 환난에서
> 벗어나느니라 사람은 입의 열매로 말미암아 복록에 족하며 그 손
> 이 행하는 대로 자기가 받느니라 잠 12:13-14

"말이 씨가 된다"는 속담이 있다. 성경은 말이 맺는 열매로 만족하는 삶을 살게 된다고 말씀한다. 말 한 마디는 열매가 될지 허물이 될지, 아니면 그물이 될지 환난을 벗어나게 할지를 결정하는 아주 중요한 요건이 된다.

> 말 속에는 생각과 영혼이 담겨 있다. 그래서 우리는 단어 하나를 말하더라도 잘 선택해야 한다.

말은 한번 내뱉고 사라지는 단순한 소리가 아니다. 말 속에는 생각과 영혼이 담겨 있다. 그래서 우리는 단어 하나를 말하더라도 잘 선택해야 한다. 힘을 가진 말은 사람이 죽은 뒤에도 남겨져 그 말대로 일을 하기 때문이다. 우리가 경건한 삶을 살아야 하는 이유도 '경건'에 담긴 뜻을 되새기면 더욱 분명해진다.

경건은 '하나님께 드리는 예배'라는 뜻이 있다. 만약 말에 영혼이 담기지 않고 본능적 의사 표시 기능에 불과하다면 단어 경건은 존재하지 않았을 것이다. 영혼 없는 말은 하나님께 드리는 예배와 연결될 수 없기 때문이다.

우리는 영혼이 담긴 말로 하나님께 예배를 드리고 늘 경건해지기 위해 힘써야 한다. 경건하지 못하면 한두 번 멋진 말을 했을지라도 어느 순간 더러운 말을 내뱉게 된다. 이것이 우리의 연약함이다.

번지르르한 말 한 마디로 한두 번은 속일 수 있다. 그러나 오랜 시간 속일 수 있는 것은 아무것도 없다. 환경이 바뀌면 돌변하는 것이 사람이고, 그것은 말에서 쉽게 드러난다. 이처럼 말은 영혼에서 태어나 영혼에 씨를 뿌린다.

> 사람은 입에서 나오는 열매로 말미암아 배부르게 되나니 곧 그의 입술에서 나는 것으로 말미암아 만족하게 되느니라 죽고 사는 것이 혀의 힘에 달렸나니 혀를 쓰기 좋아하는 자는 혀의 열매를 먹으리라 잠 18:20-21

성경은 혀에게 죽고 사는 것이 달려 있다고 말씀한다. 말 때문에 만족하는 인생이 될 수 있고, 근심과 환난에 사로잡힐 수도 있다는 것이다. 또한 우리가 내뱉은 말 한 마디로 누군가의 가슴속에 깊은 상처를 낼 수도 있고, 반대로 따뜻한 위로가 되어 상한 심령이 회복될 수도 있다.

이처럼 말은 경건의 모습을 드러내고 확인할 수 있는 중요한 수단이다. 그래서 경건은 척할 수가 없다. 경건은 실천을 요구한다. 사도 바울은 디모데에게 "경건의 모양은 있으나 경건의 능력은 부인하니 이 같은 자들에게서 네가 돌아서라"(딤후 3:5)고 말했다.

경건한 척하면서 비난의 이야기를 서슴없이 한다면 그 사람으로부터 돌아서야 한다. 바꿔 말하면 경건한 척하면서 비난의 말을 서슴없이 하는지 하지 않는지 자신을 돌아봐야 한다. 경건의 무늬를

새기기에 힘쓸 뿐 경건의 능력이 없다면 선한 영향력을 끼칠 수 없기 때문이다.

구제는 신앙의 지속적 근육 운동

습관은 어떤 일을 오랜 시간 반복해 숙련되어야 만들어진다고 했다. 그런데 이 숙련된 일을 쉬게 되면 그 능력을 회복하기까지 오랜 시간과 많은 에너지를 투자해야 한다.

쉬운 예로, 우리 몸의 근육이 그렇다. 수년간 운동으로 근육을 단련시킨 사람은 몇 주만 운동을 쉬어도 근육이 망가진다고 한다. 우리의 영적 근육도 마찬가지다. 경건의 능력을 가지려면 하나님께 드려지는 예배와 함께 신앙의 본능적 운동이 되도록 그에

> 경건의 능력을 가지려면 하나님께 드려지는 예배와 함께 신앙의 본능적 운동이 되도록 그에 맞는 행동이 지속적으로 뒤따라야 한다.

맞는 행동이 지속적으로 뒤따라야 한다.

성경은 경건이 어디서 오는지 말씀을 통해 여러 번 강조한다. 그중 야고보서를 통한 경건함은 고아와 과부를 환난 가운데서 돌보는 것이다.

> 하나님 아버지 앞에서 정결하고 더러움이 없는 경건은 곧 고아와 과부를 그 환난 중에 돌보고… 27절

여기서 고아와 과부는 특정 집단을 단정해 말한 것이 아니라 그

당시 가장 어려운 사람을 대표해 말한 것이다. 이처럼 어려움 가운데 처한 사람, 환난 가운데 있는 사람을 돕는 것이 경건이다.

신앙인다움은 자기 영혼의 평안함만 추구하는 것이 아니라 도움이 필요한 사람을 기쁜 마음으로 도와줄 수 있는 훈련이 되어 있는 것이다. 우리는 어려운 사람을 도와주는 일을 거부하지 않아야 하고, 자신의 재물이든 재능이든 가진 것을 내어놓을 수 있는 교회와 성도가 되어야 한다.

우리가 실천할 수 있는 일들 가운데 하나가 구제일 것이다. 전 세계의 인구 가운데 20억 명이 하루 2달러 이하로 살고 있다. 누군가를 돕는 데 있어 돈의 적고 많음보다는 자립하기까지 지속적으로 도움이 주는 것이 더 필요하다. 넉넉하지 않은 형편이지만, 적은 돈이라도 구제에 동참하는 것이 신앙인으로서의 도리다. 지속적인 훈련을 통해 건강한 근육이 만들어지는 것처럼 경건도 지속적인 실천이 쌓여야 능력이 될 수 있다.

세상과 구별되어 자신을 지키는 일

지금은 고인이 된 장민호 씨는 우리나라 연극계의 대부로 불릴 만큼 훌륭한 배우였다. 그는 성실함이라는 단어가 저절로 떠오르는 사람이었다. 60년 가까이 연극을 하면서 우리나라의 주요 극단이나 예술극장이 개관할 때마다 주연 배우로 활동하며 명성을 떨쳤다. 20대에 연극을 시작한 그는 40대에 영화 한 편을 만들었는데, 제작한 영화가 인기를 끌어 큰 수익이 생겼다.

흥행에 성공했음에도 불구하고 그는 더 이상 영화를 제작하지 않았다. 이유는 딱 한 가지였다.

"이러다가 내가 하는 연기와 멀어지겠어."

그는 돈으로 말미암아 연기 생활을 성실하게 하지 못할까 봐 영화 제작을 그만두었다. 눈으로 봤을 때 좋아 보여도 자신에게 독이 된다면 과감히 자를 수 있는 것, 이것이 자기관리다.

세상 사람들은 자신을 지키는 것을 자기관리라고 표현하지만, 신앙인은 다른 말로 경건이라고도 할 수 있다. 말씀대로 자신을 지키는 일은 자기관리 없이 불가능하기 때문이다.

…또 자기를 지켜 세속에 물들지 아니하는 그것이니라 27절

여기서 '지키다'는 헬라어로 세 가지 뜻이 있다.

첫째, '관찰하다'라는 뜻이다. 우리는 자신을 지킬 수 없게 만드는 것이 무엇인지 잘 관찰해야 한다. 무엇이 자신을 무너뜨리고 그리스도인답지 못하게 만드는지 살펴봐야 하는 것이다.

둘째, '관리하다'라는 뜻이다. 자신을 그리스도인답지 못하게 만드는 것을 확인한 뒤 그럴 만한 요인이 되는 것을 조심해야 한다. 여기서 '관리하다'는 '조심하다'는 말로도 쓸 수 있다.

> 경건은 말씀대로 자신을 지키는 일이다. 자신을 지킬 수 없게 만드는 것이 무엇인지 잘 관찰하여 요인이 될 만한 것을 조심하고, 하나님의 사람으로 남아 있도록 만들어야 한다.

셋째, '보존하다'라는 뜻이다. 자신이 하나님의 사람으로 남아 있도록 만들어야 한다.

반 고흐는 강렬하지만 짧은 생을 살았다. 목사의 아들로 태어난 그는 처음에 목사의 길을 가려고 했다. 그러나 사목직을 박탈당한 뒤 선택한 길이 그림을 그리는 것이었다. 그림은 절망에 빠져 있는 그를 다시 살게 했고, 지금의 그를 있게 해주었다.

살아생전 고흐는 지금처럼 인정받지 못했고 극심한 생활고에 시달려야 했다. 나흘 동안 끼니를 해결하지 못한 채 커피만 23잔을 마신 적도 있을 만큼 빈곤하고 처절한 삶을 살았다. 그러나 어떤 매서운 환경도 그림을 향한 그의 열정을 빼앗아가지 못했다.

고흐는 자신의 후원자였던 동생 테오에게 종종 편지를 보냈는데, 다음은 편지 내용 가운데 일부다.

"내가 표현하고 싶은 것은 뿌리 깊은 고뇌다. 사람들이 내 그림을 보고, 이 화가는 정말 격렬하게 고뇌했다고 말하는 그런 경지에 이르고 싶다."

그림은 재능만 있어도 이목을 집중시킬 수 있다. 그러나 고흐는 사람들이 자기 그림을 보면서 탁월한 기교로 그린 그림이 아니라 치열한 몸부림 끝에 얻어진 깊은 묵상의 결과물임을 느낄 수 있었으면 좋겠다고 말한 것이다. 또한 그런 화가가 되기를 열망했던 것이다.

그렇다면 신앙인이라 자처하는 우리의 모습은 어떠한가? 일주일에 한 번 예배에 참여하고도 예수 믿는 사람이라 말할 수 있다고 하지만, 그 하루를 넘기지 못하고 예배 시간에만 신앙인이 되지는 않은가? 예배를 마치고 집으로 가는 도중 어쩌다 엉키는 일이라도 있으면 예배 때 고개를 끄덕이며 들었던 말씀을 잊어버리고 화를 내어 받은 은혜를 쏟아버리지는 않은가?

예수를 믿어 구원을 받지만 그렇다고 해서 신앙인다움이 저절로 생기지는 않는다. 예수를 믿지만 예수 믿는 사람다움을 이루려면 자기를 지키는 경건의 훈련이 필요하다.

그래서 성경은 자기를 지켜서 세속에 물들지 않도록 해야 한다고 말씀한다. 경건한 사람은 세상 사람과 조금 다르게 살아야 한다는 것이다. 세상 사람들 모두가 이것이 옳은 길이라고 해도 예수 믿는 사람은 말씀에 어긋나면 그렇지 않다고 말할 수 있어야 한다. 그렇지 않으면 세속에 물들기 쉽다.

우리가 세상을 보는 평가 기준은 세상의 잣대가 아니다. 하나님이 어떻게 보시는지를 기준으로 삼아야 한다. 세상의 기준이 아닌 하나님의 기준을 가지고 세상을 재단할 수 있는 사람이 세속에 물들지 않을 수 있다.

신앙인다운 삶의 기준

다윗은 아들 압살롬에게 배신을 당해 도망자 신세가 되었다. 왕궁에서 쫓겨난 다윗과 그를 지지했던 사람들은 울면서 길을 걷기 시작했다.

배신당한 상황이 얼마나 급박했는지 다윗과 백성들은 신발조차 신을 겨를 없이 도망쳐 나왔다. 이런 사실이 너무 부끄럽고 수치스러워 그들은 얼굴과 머리를 가리고 울면서 길을 걸었다.

그렇게 한참 길을 가고 있는데 사울의 친족이었던 시므이가 도망가는 다윗에게 돌을 던지며 저주를 퍼부었다. 이를 보다 못해 다윗을 따르던 장군 아비새가 입을 열었다.

> 이 죽은 개가 어찌 내 주 왕을 저주하리이까 청하건대 내가 건너가서 그의 머리를 베게 하소서 삼하 16:9

그러나 다윗은 오히려 아비새를 말렸다.

> 내 몸에서 난 아들도 내 생명을 해하려 하거든 하물며 이 베냐민 사람이랴 여호와께서 그에게 명령하신 것이니 그가 저주하게 버려두라 혹시 여호와께서 나의 원통함을 감찰하시리니 오늘 그 저주 때문에 여호와께서 선으로 내게 갚아 주시리라 삼하 16:11-12

아비새의 말이 잘못된 것은 아니었다. 자신의 왕을 능멸하는 자로부터 왕을 지키는 것은 신복으로서 당연한 일이었다. 또한 다윗에게도 시므이를 처형할 수 있는 권한이 있었다.

그럼에도 다윗은 세상과 다르게 사는 것을 택했다. 시므이가 저주하는 것도 하나님이 허락하셨기에 하는 것이니 그대로 내버려두라고 말했다. 하나님이 이 모습을 보고 자신의 원통함을 감찰하신다면 언젠가 복으로 갚아주시리라고 믿는다는 것이다.

이것이 예수 믿는 사람들이 자신을 지켜 세속에 물들지 않는 방법이다. 세상의 잣대에 따라 판단하는 것이 아니라 자신의 생각과 감정에 반하여도 하나님이 기준 되어 그 말씀을 따라 행해야 하는 것이다.

사도 바울은 "위의 것을 생각하고 땅의 것을 생각하지 말라"(골 3:2)고 했다. 세상과 다르게 살기 위해 우리는 위의 것을 생각하고 땅의 것, 세속적인 것을 생각하지 말아야 한다. 그래야만 자기를 지켜 세속에 물들지 않을 수 있다.

2　고대하게 하는 인생

> 내 사랑하는 형제들아 속지 말라 온갖 좋은 은사와 온전한 선물이 다 위로부터
> 빛들의 아버지께로부터 내려오나니 그는 변함도 없으시고 회전하는 그림자도
> 없으시니라 그가 그 피조물 중에 우리로 한 첫 열매가 되게 하시려고 자기의
> 뜻을 따라 진리의 말씀으로 우리를 낳으셨느니라(약 1:16-18).

신앙인다운 이름을 남기는 일

지인으로부터 전시회 카탈로그를 선물 받았다. 아크릴 위에 모래를 뿌려 완성한 작품 위로 〈Drifting Sand〉(흐르는 모래)라는 제목이 있었다. 다음은 카탈로그의 서문에 실린 글이다.

"한때 나는 예술가란 훌륭한 작품을 남기는 것을 목표로 삼고 살아가는 사람이라고 생각했다. 그래서 나 또한 그런 훌륭한 작품을 위해 매 작업마다 조금씩 나아지기를 원했다. 그런데 언제부터인가 내가 원하는 것은 훌륭한 작품이라는 결과물이 아니라 예술가답게 살아가는 것이라는 생각이 들었다."

세상은 훌륭한 작품을 남겨야 훌륭한 예술가라고 평가한다. 반

대로 그러지 못하면 실패한 예술가가 되어 자연스레 잊히고 만다. 세상의 평가는 훌륭한 작품을 남겨야 한다는 강박과 부담감을 안겨 주기도 한다. 그러나 작가의 말대로 예술가다운 삶이 무엇인지 치열하게 고민한 흔적을 작품에 담고, 예술가다운 삶을 산다면 값진 결과가 주어지지 않겠는가.

그러므로 우리는 속지 않도록 주의해야 한다. 눈에 보이는 결과물로 성공과 실패를 섣불리 판단할 수 없다. 성공한 예술가는 예술가다운 삶을 고민하며 처절한 고뇌의 순간을 작품에 담는 진정함이 있어야 한다.

신앙인도 마찬가지다. 성공의 척도를 높은 사회적 지위나 경제적 부요함에 두는 것이 아니라 신앙인답게 사는 것이 무엇인지 고민하며, 말씀을 따라가는 것이 신앙인이 가야 할 바른 길이다.

때로는 주변 사람이나 상황이 방해가 되기도 한다. 그래서 하나님께 어떻게 이런 일이 일어날 수 있는지 원망을 쏟아내면서 신앙인다운 것을 포기하고 싶을 때도 있다. 이런 어려움 가운데서도 한 걸음, 또 한 걸음 신앙인다움이 무엇인지에 대한 답을 늘 상기하며 오늘을 사는 것이 진정한 신앙인이다.

길을 잃어 방황하지 말고

우리나라에서는 2년제 전문대학에 갔다고 하면 부정적 시선으로 보는 사람이 있다. 그러나 요즘 전 세계적으로 인정받는 전문대학이 늘어나고 있는 추세다. 실제로 세계적 수준의 전문대학 'W.C.C.'(World

Class College)로 11곳이 지정되었다.

2년제 전문대학이라고 실패한 것이 아니고, 4년제 대학이라고 성공의 출발점에 선 것은 아니다. 얼마나 충실하게 학창 생활을 보냈느냐에 따라 그 보상이 다른데, 우리는 세상의 잣대에 현혹되어 쉽게 분별력을 잃는다.

내 사랑하는 형제들아 속지 말라 16절

태초부터 우리의 분별력을 뒤흔드는 세력이 있는데, 바로 우리에게 언제나 좋은 것들로 채워 주시는 하나님과의 관계를 방해하려는 사탄이다. 사탄은 헬라어로 '디아볼로스'라고 하며, '속이는 자, 비방하는 자'라는 뜻을 가지고 있다.

사탄은 에덴동산에 살던 아담과 하와에게 죽음을 거짓 포장해서 눈이 밝아지게 되리라고 속인 것을 시작으로 지금까지도 틈만 나면 우리를 속이려고 한다. 우리가 진리를 따라가지 못하도록 때로는 두려운 말로, 때로는 달콤한 말로 우리의 가장 약한 부분을 공략한다. 하나님이 분명 죽음이라고 선언한 것인데도 사망의 길을 성공의 길로 둔갑시켜 잘못된 선택을 하도록 부추긴다. 우리는 이런 사탄에게 속아서는 안 된다. 사탄은 화려한 포장 속에 죽음을 담아 선물하는 존재이기 때문이다.

> 사탄은 우리에게 언제나 좋은 것들로 채워 주시는 하나님과의 관계를 방해한다. 사탄은 속이는 자이고 비방하는 자다.

'속다'는 헬라어로 '플라나오'인데, 두 가지 중요한 뜻을 가지고 있다.

첫째, '갈 길을 잃게 되다'라는 뜻이다. 속임수에 넘어가면 가야 할 길이 어디인지 몰라 엉뚱한 길로 가게 된다. 그리고 그곳이 최고의 목적지라고 착각한다.

어떤 길은 사람이 보기에 바르나 필경은 사망의 길이니라 잠14:12

속임수에 넘어가면 그 길의 끝에 죽음이 기다리고 있는데도 당장의 승리에 도취되어 제대로 보지 못한다. 이는 마치 브레이크 없는 자동차를 타고 자신이 세상에서 가장 빠르다고 말하는 것과 같다. 그러나 인생은 속도전이 아니다. 지금 우리가 가야 하는 길을 속지 않고 가는 것이 느린 것처럼 느껴져도 목적지에 도달하는 지름길이다.

인생의 방향을 잃으면 의지할 만한 인생의 방향을 잃으면 의지할 만한 것을 찾으려고 하는데, 그런다고 운명이 바뀌거나 답답한 마음이 뚫리지는 않는다. 이처럼 세상에 속게 되면 어디로 가야 할지 길을 잃고 만다.

둘째, '방황하다'라는 뜻이다. 속게 되면 이리로 가야 할지 저리로 가야 할지 몰라 갈팡질팡하게 된다. 어디에도 마음 둘 데가 없고, 가진 것이 많아도 위로가 되지 않고, 쾌락을 즐겨도 그 밤이 지나면 허무함만 더 짙게 밀려온다. 그래서 성경은 속지 않은 인생이 되기 위해 우리가 알아야 할 것들을 상세히 일러준다.

온갖 좋은 것은 하나님으로부터 온다

우리나라 사람은 체면을 중요하게 생각한다. 돈을 악착같이 모으는 것도 어떤 분명한 목적이 있기도 하지만, 그 마음속을 들여다보면 남들에게 무시당하지 않기 위해서다.

보이는 것에 속아서 보이지 않는 것을 잃고 방황하는 사람이 참으로 많다. 무시당하지 않으려고 여러 방법으로 돈을 모았는데, 돌이켜 보니 자신의 즐거움이나 꿈을 잃어버린 지 오래인 것이다.

> 온갖 좋은 은사와 온전한 선물이 다 위로부터 빛들의 아버지께로부터 내려오나니 그는 변함도 없으시고 회전하는 그림자도 없으시니라 17절

세상에 속아 방황하지 않으려면 가장 좋은 은사와 온전한 선물은 위로부터 내려온다는 사실을 알아야 한다. 진정한 행복은 물질이나 학벌, 세상에서 누리는 쾌락으로부터 얻어지는 것이 아니다. 속지 않는 인생이 되려면 곧 사라져버릴 순간의 기쁨을 위해 사는 것이 아니라 위로부터 내려오는 영원한 기쁨을 누릴 수 있어야 한다.

유명한 법무법인에 소속되어 있는 한 젊은 여성 변호사가 자신의 고민을 이렇게 적어놓았다.

"법무법인에서 3년 동안 일하면서 나 자신에게 그리고 일에 대해

회의를 느끼기 시작했다. 일에 보람도 없고 나의 미래를 위해 어떻게 살아가야 할지도 모르겠다."

변호사라면 남부럽지 않은 직업이다. 명예도 있고, 남들에게 우쭐거릴 만큼 재력을 모을 수도 있다. 그런데 진짜 좋은 것은 거기서 나오지 않는다는 것이다.

> 눈으로 보는 것이 마음으로 공상하는 것보다 나으나 이것도 헛되어 바람을 잡는 것이로다 전 6:9

솔로몬은 마음속으로 그렸던 것이 현실이 되어 모든 것을 누리는 복을 받았다. 그러나 그것 역시 "헛되어 바람을 잡는 것이로다"라고 고백했다.

우리 각자에게는 많은 꿈과 계획이 있다. 그런데 모든 일이 이루어져 눈으로 보일 만큼 성과를 얻었다고 해도 헛되어 바람을 잡는 것 같다는 것이다.

솔로몬은 "천 년의 갑절을 산다 할지라도 행복을 보지 못하면 마침내 다 한 곳으로 돌아가는 것뿐"(전 6:6)이라고 했다. 온갖 좋은 것이 위에 계시는 아버지께로부터 온다는 것을 알지 못한다면 그 끝은 세상 사람과 같다는 것이다. 그래서 솔로몬은 인생의 결론을 이렇게 내렸다.

> 일의 결국을 다 들었으니 하나님을 경외하고 그의 명령들을 지킬

지어다 이것이 모든 사람의 본분이니라 전 12:13

'본분'은 '전부, 다'라는 뜻으로, 곧 '완전'을 뜻하는 말이다. 하나님을 경외하고 하나님의 말씀을 지키도록 노력하는 것이 우리가 완전해지는 길이라는 것이다. 하나님의 말씀을 놓치지 말아야 행복도, 그 뜻도 완전해진다.

> 하나님을 경외하고 하나님의 말씀을 지키도록 노력하는 것이 우리가 완전해지는 길이다.

그러면 왜 위로부터 내려오는 것이 좋은 것일까?

…그는 변함도 없으시고 회전하는 그림자도 없으시니라 17절

세상의 것들은 모두 변하고, 큰 인기를 끌었어도 유행은 금방 바뀌고 만다. 아무리 좋은 집, 좋은 차, 남들이 부러워하는 명품을 가졌다고 해도 그 즐거움은 잠깐일 뿐 곧 지루해진다. 사람의 마음도 마찬가지다. 세상에서 사랑은 어느새 증오가 되기도 하고, 행복했던 일이 불행의 씨앗이 되기도 한다.

그러나 하나님께로부터 내려오는 것은 변하지 않는다. 빛이 되었다가 어둠이 되었다가 하는 변덕스러움이 없다. 온갖 좋은 은사와 온전한 선물을 내려주시는 하나님이 변함없는 분이시며 회전하는 그림자도 없는 분이시기 때문이다. 하나님이 주시는 그 좋은 것들을 누려야 세상에 속지 않을 수 있다.

그러면 우리는 왜 세상에 속지 말아야 하는가?

> 그가 그 피조물 중에 우리로 한 첫 열매가 되게 하시려고 자기의
> 뜻을 따라 진리의 말씀으로 우리를 낳으셨느니라 18절

여기서 '처음'은 영어로 'frontier'이며, '개척자'라는 뜻을 가지고
있다.

하나님이 예수 믿는 우리에게 신앙인다운 삶을 요구하시는 이유
는 모든 피조물 가운데서 첫 열매가 되기를 원하시기 때문이다. 세
상 사람들이 예수 믿는 사람을 보고 '저 사람처럼 살면 진정한 행복
이 찾아올 거야'라고 생각하며, 그 행적을 따르도록 하는 모범이 되
게 하시려는 것이다.

> 피조물이 고대하는 바는 하나님의 아들들이 나타나는 것이니
> 롬 8:19

피조물이 고대하는 것은 하나님의 자녀다운 자녀가 나타나는 것
이라고 했다. 세상 사람들이 예수 믿는 우리를 보고 '위로부터 내려
오는 좋은 것들을 받으며 변질되지 않는 인생이 되어야지'라고 고대
할 수 있어야 한다. 하나님은 우리를 세상에 속지 않는 첫 모범이자
첫 열매로 만들고 싶어 하신다.

3 돌이키게 하는 그 한 사람

내 형제들아 너희 중에 미혹되어 진리를 떠난 자를 누가 돌아서게 하면 너희가 알 것은 죄인을 미혹된 길에서 돌아서게 하는 자가 그의 영혼을 사망에서 구원할 것이며 허다한 죄를 덮을 것임이라(약 5:19-20).

신앙인의 사명

신앙인다운 모습을 갖추려면 가장 먼저 자기 정체성이 분명해야 한다. 자기 정체성이 분명할수록 삶은 훨씬 더 확고해지고 주변에 미치는 영향력도 커진다.

우리는 "행함 없는 믿음은 죽은 믿음이다"라는 야고보의 말씀대로 실천하는 믿음을 강조하며, 신앙인으로서 열매를 맺기 위해 어떻게 살아야 하는지 묵상해 왔다. 그렇다면 과연 야고보서의 마지막은 어떻게 기록되어 있는가?

야고보는 예수님의 형제였음에도 처음에는 예수님을 믿지 않았다. 그러나 예수님을 진정으로 만나고 난 뒤에는 삶이 완전히 바뀌었다. 그는 공의회 의장이 되었으며, 학자들의 말에 따르면 순교했다고 전해진다. 예수님을 깊이 체험하고 예수님의 가르침을 따라 살았던 야고보는 야고보서의 마지막을 이렇게 끝맺는다.

> 내 형제들아 너희 중에 미혹되어 진리를 떠난 자를 누가 돌아서게 하면 너희가 알 것은 죄인을 미혹된 길에서 돌아서게 하는 자가 그의 영혼을 사망에서 구원할 것이며 허다한 죄를 덮을 것임이라 19-20절

미혹되어 진리를 떠난 사람들이 있다면 그들을 다시 진리 안으로 돌아오게 할 그 누군가가 필요하다. 돌아오게 한 그 사람으로 말미암아 진리를 떠난 자가 구원을 받고, 수많은 죄로부터 씻김을 받을 것이다. 진리를 떠난 사람을 다시 돌아오게 하는 그 누군가는 바로 우리가 되어야 한다.

> 진리를 떠난 사람을 돌아오게 하는 그 누군가는 바로 우리가 되어야한다. 그래서 우리에게는 전도와 선교의 사명이 있다.

우리가 예수를 믿는 것은 자기 인생만 잘 되기 위해서는 아닐 것이다. 우리가 마음 가는 대로 살지 않고 신앙인답게 살도록 스스로를 금하고, 말씀처럼 행하기 위해 몸부림치는 이유는 미혹되어 진리를 떠나버린 인생을 돌아오도록 하기 위해서다. 그래서 우리에게는 전도와 선교의 사명이 있다.

건져냄의 역사

성경을 한 문장으로 요약하면 '건져냄의 기록'이다. 이스라엘 백성들 가운데 하나님이 처음으로 불러낸 사람은 아브라함이다. 그 아브라함을 통해 이스라엘 민족이 태동했다. 족장시대를 연 사람이 아브라함이라면 그 마지막은 요셉이다. 요셉은 애굽의 총리가 되어 죽을 운명에 놓인 이스라엘 백성들을 건져내는 역할을 했다.

창세기의 마지막 장에서 요셉은 자신을 위험에 빠뜨렸던 형제들에게 오히려 근심하지 말라고 위로하며 "하나님은 그것을 선으로 바꾸사 오늘과 같이 많은 백성의 생명을 구원하게 하시려 하셨나니"(창 50:20)라고 고백했다.

출애굽기도 애굽에서 노예 생활을 하던 이스라엘 백성들을 건져내는 구원의 이야기다. 사사기도 마찬가지다. 하나님이 사사를 통해 수많은 이방 민족의 공격으로부터 이스라엘 백성들을 건져내시는 이야기다. 에스더의 내용도 그렇다. 하만의 계략으로 죽을 운명에 놓인 유다인들을 에스더와 모르드개를 통해 건져내시는 이야기다. 요나를 통해서는 이스라엘 백성뿐 아니라 수많은 이방 민족도 건짐을 받았다. 예수 그리스도 십자가의 사건은 말할 것도 없이 구원 이야기의 종결편이다.

이처럼 성경에는 수많은 선지자를 통해 이스라엘 백성을 건져내는 이야기가 끊임없이 기록되어 있다. 우리는 야고보서를 통해 줄곧 믿음의 행위에 대한 이야기를 들었다. 믿음의 행위를 강조한 것은 신앙인의 삶에서 맺힌 열매를 보고 진리를 떠난 사람들이 다시 돌아와 건짐을 받도록 해야 하기 때문이다.

사도 바울은 이렇게 고백했다.

> 내가 복음을 부끄러워하지 아니하노니 이 복음은 모든 믿는 자에게 구원을 주시는 하나님의 능력이 됨이라 롬1:16

우리는 자신이 가진 모든 것으로 복음 전하기를 힘써야 한다. 그래야 그 복음을 믿는 자가 건짐을 받아 구원을 얻을 수 있기 때문이다.

'미혹'은 '길을 잃어 방황하다'라는 뜻이 있다. 영어 성경을 보면 '미혹되다'를 '유혹되다'라는 말로 번역하지 않고, '방황하다'라는 뜻의 'wonder', '길을 잃어버리다'라는 뜻의 'go astray'를 쓴다.

예수 믿는 사람에게는 인생의 참 목표가 있다. 그런데 행복의 가치를 좋은 집이나 직장, 재물 등에 둔다면 길을 잃은 채 잘못된 길을 바른 길로 알고 가게 된다. 다시 말해 미혹되고 마는 것이다.

세상 사람들도 반짝이는 것이 모두 금은 아니라고 말한다. 금인 줄 알고 쫓아갔는데 가짜라는 것을 알게 되었을 때 그 결과는 참으로 비참하다.

남자에게도 갱년기가 있다. 한 가정의 가장으로서 열심히 일해 가정을 꾸려 왔는데, 자식과 아내한테서 아무런 존경도 받지 못하면 자신이 돈 벌어 오는 기계처럼 느껴질 것이다. 그리고 나이 오십이 넘으면 사회로부터 하나둘 소외되다가 직장에서 명예퇴직의 압박을 받게 된다. 이런저런 이유로 자신이 쓸모없는 사람이라는 생각이 들면 지금껏 왜 살아왔는지, 또 무엇을 위해 살아왔는지 갈등하며 깊은 절망에 빠지게 된다.

그때부터 인생을 회의적으로 바라보며, 어디로 가야 하는지 고민하게 된다. 지금껏 자신을 채찍질하며 열심히 살아왔으니 바라는 것을 하나씩 이루게 될 줄 알았는데, 불현듯 방황하는 자신을 발견하게 되는 것이다.

누군가 길을 잃고 방황할 때 "그곳으로 가면 길을 잃어버리게 돼. 그 길이 아니라 우리는 하나님을 만나야 해"라고 말할 수 있는 사람, 미혹된 사람을 돌아서게 하는 그 한 사람이 필요하다.

그래서 우리는 신앙인다움을 회복해야 한다. 신앙의 열매도 풍성히 맺어야 한다. 예수 믿는 것을 넘어서 예수 믿는 사람다운 마음가짐을 강조하는 것은 우리를 통해 미혹된 인생이 돌아서야 하기 때문이다. 그리고 그 일에는 반드시 하나님의 보상이 따른다.

> 예수 믿는 것을 넘어서 예수 믿는 사람다운 마음가짐을 강조하는 것은 우리를 통해 미혹된 인생이 돌아서야 하기 때문이다.

지혜 있는 자는 궁창의 빛과 같이 빛날 것이요 많은 사람을 옳은 데로 돌아오게 한 자는 별과 같이 영원토록 빛나리라 단 12:3

방황하는 사람에게 하나님의 복음을 전해 돌이키게 하는 사람은 그 공적이 천국에도 기억될 것이다.

행함 뒤에 하나님의 일하심을 기대하라

그렇다면 우리는 방황하는 사람의 마음을 돌이키게 하는 사람인가, 아니면 떠나게 하는 사람인가? 잘해 보고 싶은 마음이 생긴 사람에게 말 한 마디를 잘못해 떠나게 만들지는 않았는가? 아니면 복음이 담긴 말 한 마디로 떠나고 싶은 마음을 돌이키게 했는가?

삭개오는 부정하게 돈을 모은 세리장이라고 사람들로부터 손가락질을 당했다. 그러나 예수님은 그의 잘못을 꾸중하거나 손가락질하지 않으셨다. 변화를 갈망하고 고통스러워하는 그의 마음을 알고 그를 불러내어 주셨다.

어느 사마리아 여인은 사람들의 눈을 피해 인적이 드문 시간에 우물을 찾아와 물을 길었다. 남편을 다섯 번이나 바꾼 부정한 여인이라는 사람들의 비난을 피하고 싶었던 것이다. 그러나 예수님은 모두가 비난하는 점을 들추지 않고 오히려 그 여인의 마음에 있는 목마름을 해결해주시며 영원한 생수를 알게 하셨다.

겉으로 드러난 흠집을 보는 것은 누구나 할 수 있다. 그러나 마음의 중심을 보는 하나님의 시각이 아니라면 방황하는 사람이 무엇에 목말라 하는지 알 수가 없다.

하나님은 죄를 싫어하시지만, 우리의 연약함을 긍휼로 덮는 분이시다. 그래서 예수 믿는 우리는 자신을 향한 하나님의 그 마음을 볼 수 있어야 하고, 미혹되어 방황하는 사람이 하나님께로 돌이키도록 해야 한다.

그가 아버지의 마음을 자녀에게로 돌이키게 하고 자녀들의 마음
을 그들의 아버지에게로 돌이키게 하리라 돌이키지 아니하면 두
렵건대 내가 와서 저주로 그 땅을 칠까 하노라 하시니라 말 4:6

많은 사도와 믿음의 선배들이 복음 전하는 일에 목숨까지도 아
끼지 않았던 이유는 하나님의 무서운 심판이 이르기 전에 하나님을
떠난 자녀들을 하나님께로 돌이키도록 해야 했기 때문이다. 우리는
하나님과 미혹된 사람을 연결시켜주는 다리가 되어야 한다.

어느 사역자가 케냐의 복음 전도 집회에 참석해 현지인들에게
이런 질문을 했다.

"케냐는 마라톤으로 유명합니다. 그래서 하계 올림픽이 열리면
언제나 마라톤의 우승자가 나오는 국가 아닌가요?"

이 말을 듣고 사람들은 그렇다며 열띤 환호를 보냈다. 사람들의
환호성을 듣고 나서 사역자가 말했다.

"이번 올림픽에서도 마라톤 종목에서 금메달을 딸 것이라고 생
각하나요?"

이 질문에 그들은 다시 한 번 열광적으로 환호성을 질렀다.

"여러분에게는 마라톤 종목에서 금메달을 딸 수 있는 DNA가 있
습니다. 그런데 케냐가 금메달을 향한 비전을 가졌고, 금메달을 딸
수 있는 DNA를 가졌다고 해서 그것만 믿고 연습을 게을리 한다면
금메달이 주어질까요?"

이 말에 환호하던 사람들이 잠잠해졌다.

우리는 많은 메시지를 들었다. 신앙인다움의 회복, 신앙의 열매 맺기 등 많은 이야기를 듣고 고민하고 이해하게 되었다. 그로 말미암아 그 말씀대로 살 수 있는 능력과 그 복음을 전할 수 있는 지혜도 갖추게 되었다.

그러나 그 말씀대로 행하지 않고 복음을 전하지 않는다면, 미혹되어 진리를 떠난 사람들을 하나님께로 돌이키게 하지 않는다면 우리가 가장 중요하게 해야 할 일을 감당하지 못하게 된다. 이것은 우리가 짊어지고 가야 할 거룩한 부담인 것이다.

그리스 신화에 보면 제우스로부터 불을 훔쳐내어 인간에게 준 프로메테우스가 나온다. 그는 불을 훔쳐 인간에게 주었다는 이유로 코카서스 바위산에서 낮이면 독수리에게 간을 쪼이는 형벌을 받았고, 밤이면 그것이 다시 회복되는 고통을 겪었다.

그런 프로메테우스에게 동생이 있었는데, 동생의 이름은 에피메테우스다. 여기서 주목할 것은 신화 이야기가 아니라 그들의 이름이다.

'프로메테우스'에서 프로는 '앞', 메테우스는 '생각하다'라는 뜻으로 합치면 '앞서 생각하다'이다. 그의 동생 '에피메테우스'는 에피가 '뒤'라는 뜻으로 합치면 '나중에 생각하다'이다. 처음에는 생각하지 못했는데 뒤로 갈수록 생각하게 된다는 것이다.

야고보서를 처음 접할 때 앞서 생각한 것들이 있었다면, 야고보서를 정리한 이 시점에서는 에피메테우스라는 이름처럼 나중에 또 생각해 볼 수 있기를 바란다.

야고보가 우리에게 들려주는 메시지를 되새기며 왜 신앙인다움을 회복하고, 신앙의 열매를 맺는 인생을 꿈꾸라고 했는지 계속 상기할 수 있기를 바란다.

복음에는 하나님의 능력이 나타나 구원을 주신다고 했다. 우리 모두 그 복음의 메시지를 계속 묵상하며 사는 삶을 살기를 바란다.

야고보서 다시 쓰기

몸으로 쓰는 야고보서

글을 써 본 사람이라면 누구나 글쓰기의 어려움을 겪는다. 글을 쓰겠다는 의욕에 차서 자리에 앉으면 그새 펜이 삭아버린 것도 아닌데 단어 하나 적지 못하고 머뭇거릴 때가 있다. 그 정적의 시간 속에 있을 때는 이루 말할 수 없이 고독하고 심장을 쥐어짜는 듯한 답답함을 느낀다.

글 쓰는 것은 소재에 대한 깊은 관찰과 그것을 하기 위한 시간이 필요하다. 특히 소설이나 희곡 등 문학작품을 쓰는 작가들은 글을 발로 쓴다고 할 정도다. 예를 들어 지명에 대해 쓰려고 하면 거기에 얽힌 수많은 이야기나 자료를 수집하기 위해 도서관이나 박물관, 관련 학자 등을 찾아다녀야 한다.

그런데 사람들은 이런 어려움과 마주해야 한다는 사실을 알면서도 글을 쓰려고 한다. 해산의 고통 뒤에 귀한 생명을 얻는 것처럼 글쓰는 고통을 뛰어넘는 기쁨을 만끽할 수 있기 때문이다.

우리가 야고보의 서신을 되돌아보는 이유도 이와 같다. 야고보서는 비록 손으로 기록되었지만, 사도로서 행한 그의 자취와 가슴으로 수많은 것을 담아 써 내려간 결과물이다. 삶에 밑줄을 그으라는 한 시인의 말처럼 야고보는 자신의 믿음에 밑줄을 긋듯 삶으로 표현했을 것이다. 나 역시 이 야고보서를 삶에 담고자 한다.

물론 쉽지 않은 일임을 알고 있다. 사탄의 훼방은 언제나 있어 왔고, 인간의 연약함은 좌절과 절망을 느끼게 할 것이기 때문이다. 그러나 말씀에서 보았듯 공평한 시각으로, 정제되고 부드러운 말로, 선행을 행하는 손으로, 섬김이 있는 발로, 기도하는 무릎으로, 하나님이 주신 지혜로 다시 써 내려간다면, 우리 영혼이 살아나고 방황하던 사람들이 우리 삶을 통해 하나님께로 돌아오게 되는 기적이 일어날 것이라고 믿는다.

주님 때문에 변화하는 신앙인

야고보는 예수님의 형제였지만, 예수님 살아생전 이루신 기적을 보면서도 감동을 받았거나 예수님을 도왔다는 기록은 그 어디에도 없다. 형제여서 더 믿지 못하고 의혹의 눈초리로 봤는지도 모른다.

그러나 예수님의 죽음을 겪은 뒤 야고보의 삶은 달라지기 시작했고, 최고의 지도자로 일컬음을 받던 예루살렘 공의회 의장까지 오르게 된다. 또한 기독교 역사학자들에 따르면 그의 마지막은 순교로 끝났다고 한다.

에서의 위협을 피하기 위해 쫓겨 다니던 야곱이 하나님을 만나 이스라엘이 된 것처럼 사람의 시선에서 봤을 때 가능성이 없어 보여도 예수님을 만나면 누구든 바뀔 수 있다. 우리는 예수님을 만나 변화되기를 소망해야 한다. 그 변화의 주체는 남이 아니라 바로 내가 되어야 한다. 시각이 달라져야 하고, 입술의 말이 달라져야 하고, 미래에 대한 꿈이 달라져야 하고, 삶의 목표가 달라져야 한다. 그리고 우리는 남을 대할 때 차별하거나 비방하는 말을 하지 말아야 한다. 한 입에서 찬송과 저주가 함께 나올 수 없기 때문이다(약 3:10).

인생은 안개와 같아서 한 치 앞도 내다볼 수 없다. 그래서 우리는 지금 가진 것이 아무리 많고 잘살고 있어도 미래를 자랑할 수 없다. 우리에게는 분명한 목적이 있다. 참 진리와 진정한 행복이 아닌 것에 미혹된 사람들을 하나님께로 돌이키게 하는 것이다. 바로 내가 그 한 사람이 되어야 한다.

옛사람은 공부하는 목적을 두 가지로 분류했다. 하나는 위인지학(爲人之學)으로, '사람을 위하여 하는 학문'이다. 남에게 인정받기 위해 공부하는 것이다. 부모라면 자녀가 좋은 대학에 가기를 원할 텐데, 대부분 남의 시선으로부터 떳떳하고 자식 잘 키웠다는 소리를 듣고 싶어 하는 마음이 크다.

다른 하나는 위기지학(爲己之學)으로, '자신의 인격을 수양하기 위하여 하는 학문'이다. 옛사람은 '위기지학'을 지향하며 공부하기를 원했다. 우리가 공부를 하는 이유는 자신의 인격을 성숙시키고, 세상을 바라보는 눈을 올바르게 하며, 삶의 발걸음이 진리가 아닌 곳으로 향하지 않도록 하기 위해서다.

> 스스로 속이지 말라 하나님은 업신여김을 받지 아니하시나니 사람이 무엇으로 심든지 그대로 거두리라 갈 6:7

우리는 남이 어떻게 했느냐가 아니라 우리 자신이 어떻게 심었느냐에 따라 열매를 거두게 된다. 그런데 사람들은 대개 배우자나 자식이 잘돼야 자신도 잘된다고 생각한다.

자신은 삶의 의미를 못 느끼는데 남편 또는 아내의 삶이 충만하다고 해서 그 삶이 자기 것이 되지는 않는다. 물질은 나누어 쓸 수 있어도 삶은 각자 자신의 것이다.

그러므로 우리는 타인에 대해 이렇다 저렇다 말할 이유가 없다. 자신을 계속 들여다보며 스스로 변화되어야 한다.

> 내 형제들아 너희가 여러 가지 시험을 당하거든 온전히 기쁘게 여기라 약 1:2

인생을 살면서 풍파를 겪지 않은 사람은 없다. 시험이 절대 우리를 떠나지 않는다면 시험을 바라보는 시각을 빨리 바꾸는 것이 현명하다. 말씀처럼 여러 가지 시험을 당하거든 온전히 기쁘게 여기도록 힘써야 한다. 그러면 인내가 생기고, 인내는 우리로 온전하고 구비하여 조금도 부족함이 없게 한다(약 1:3-4).

명성과 부유함을 얻고 사회 곳곳에서 자신의 능력을 펼치며 활발하게 활동하던 사람이 갑자기 닥친 어려움을 이기지 못하고 유명을 달리했다는 소식을 종종 듣는다.

역사에 큰 획을 그은 사람이든지 평범한 인생을 사는 장부든지 시험은 결코 사람을 피해 가지 않는다. 삶에서 겪는 시험이 어느 때는 인생을 완전히 마모시키기도 하지만, 잘 이겨내면 오히려 인생을 더욱 빛나게 만들어준다. 그러므로 시험을 바라보는 우리의 시각을 바꾸어야 한다.

> 사랑하는 자들아 너희를 연단하려고 오는 불 시험을 이상한 일 당하는 것같이 이상히 여기지 말고 벧전 4:12

시험은 우리를 단련시키는 도구다. 우리에게 나타난 시험은 우리를 연단시키려는 하나님의 계획이다. 그래서 야고보는 "시험을 참는 자는 복이 있나니"(약 1:12)라고 했다. 시험을 어떻게 맞이하느냐에 따라 우리에게 주어질 면류관의 모습이 달라진다는 것이다.

시험이 올 때마다 우리가 늘 기억해야 할 것이 있다.

> 너희는 믿음 안에 있는가 너희 자신을 시험하고 너희 자신을 확증

하라 예수 그리스도께서 너희 안에 계신 줄을 너희가 스스로 알지
못하느냐 그렇지 않으면 너희는 버림 받은 자니라 고후13:5

시험을 당할 때 자신이 정말 믿음 안에 있는지 스스로 점검해 봐
야 하고, 믿음 안에 있다는 것을 확증해야 한다. 하나님은 삶의 풍랑
을 지나는 우리가 선택하는 믿음을 시험해 보기 원하신다. 이것은
그 시험을 통해 우리를 연단하심으로 정금같이 나오게 하시려는 하
나님의 계획이다.

하나님께 공급 받는 신앙인
우리가 믿는 하나님은 어떤 분이신가?

너희 중에 누구든지 지혜가 부족하거든 모든 사람에게 후히 주시
고 꾸짖지 아니하시는 하나님께 구하라 그리하면 주시리라 약1:5

말씀에서 반복적으로 나오는 단어 하나를 찾는다면 '주시다'이
다. 하나님은 구하는 자에게 주는 분이시다. 그 공급하시는 하나님
께 우리는 삶의 은혜를 받는다. 어떤 시련이 와도 하나님께 구하면
시련을 뛰어넘을 수 있는 지혜를 우리에게 허락하실 것이다.
야고보서는 행함을 강조한다. 믿음 있는 행함이 있으려면 하나
님께 지혜를 구해야 한다고 말한다. 지혜는 지식을 삶으로 옮길 수
있는 능력이 되기 때문이다.

또한 시련을 만나거든 온전히 기쁘게 여겨야 한다고 말한다. 그런데 그 시련을 이길 수 있는 힘이 없다면 하나님께 힘을 얻을 수 있는 지혜를 간구해야 한다. 지혜는 하나님이 우리를 예수 믿는 사람답게 살도록 인도해주시는 하나님의 능력이다.

그리스도인에게 시련은 믿음의 사건이다. 시련을 어떻게 다루느냐에 따라 믿음의 척도를 알 수 있기 때문이다. 우리 믿음이 어디까지 왔는지 재어 볼 수 있는 것이다. 이는 그리스도인들이 시련을 바라보는 시각이 되어야 한다.

신영복 선생이 생전에 한 말이 있다.

"성공에 의해서는 대개 그 지위가 높아지고, 실패에 의해서는 자주 그 사람이 커진다는 역설을 믿고 싶습니다."

누구든 성공하고 싶어 한다. 그러나 고통스러운 일은 할 수만 있다면 피하고 싶어 한다. 물론 성공을 거듭해 지위가 높아질 수 있다면 좋은 일일 것이다.

그러나 성공으로 자리가 높아지는 것보다 실패와 시련을 통해 한 사람의 인격이 깊어지는 것이 더 가치 있다고 믿는다. 우리 예수 믿는 사람은 시련을 만날 때마다 믿음의 눈으로 봐야 한다.

옛사람이 말하길, 하늘이 누군가에게 중대한 임무를 맡기려고 할 때는 반드시 먼저 하는 일이 있다고 한다. 사람의 심지를 괴롭게 하고, 그의 근골을 아프게 하며, 생활을 곤궁하게 하여 하는 일마다 잘 안 되도록 만든다는 것이다. 그렇게 해서 마음을 분발하게 하고 인내심을 강하게 하여 지금까지 하지 못했던 일을 더 많이 할 수 있도록 한다는 것이다. 사람은 대개 잘못을 범한 뒤에야 고칠 수 있고, 번민과 고뇌가 얼굴과 목소리에 나타난 뒤에야 해결 방법을 깨닫게 된다.

그래서 옛사람들은 삶에서 마주하는 어려움을 하늘이 벌이는 일이라고 생각했다. 하나님을 알지 못했던 사람들임에도 이런 생각을 했던 것이다.

시련은 믿음과 관련되어 있다. 그러므로 시련을 닥치면 그것이 믿음의 문제라는 사실을 확인해야 한다. 누구든 시련이 닥쳐오면 절망하기 쉽다. 그런데 누구든 하나님께 지혜를 구하면 후히 주시고 꾸짖지 않으시는 하나님이 반드시 주신다는 것이다.

믿음으로 기도하는 신앙인

스티브 도나휴(Steve Donahue)의 《사막을 건너는 여섯 가지 방법》 (김영사 역간)에는 사막을 건넌 저자의 경험과 방법이 기록되어 있다.

부제로 '힘들고 고독한 인생의 사막을 건너는 당신을 위한 책'이라는 문구가 있다. 이 책은 사막 종주를 위한 자료라기보다 사막처럼 힘겨운 인생을 건너고 있을 때 필요한 지침을 담고 있다.

저자는 "우리 인생의 사막에는 반드시 오아시스가 있다"고 말한다. 다만 우리가 오아시스를 보지 못하고 그냥 지나칠 뿐이라는 것이다. 만약 시련의 시간을 지나고 있다면 의심하지 말고 인생의 오아시스가 있다는 확신을 가지고, 그 오아시스가 무엇인지 생각해 보아야 한다.

또한 책을 읽다 보면 이런 내용이 나온다.

"불치병이라는 인생의 사막을 만나게 될 때 우리는 사랑하는 사람들과 진짜 사랑을 말할 수 있고 나눌 수 있는 기회인 오아시스를 만나게 된다."

우리는 지금 건강하고 내일이 있다는 생각에 어떤 일을 다음으로 미루기도 한다. 그래서 사랑하는 사람에게 사랑의 표현을 뒤로 미룬 채 아껴두고 있다. 남편이나 아내에게 진정으로 고맙고 사랑한다는 말을 하기가 낯간지럽기도 하고, 그 사람이 언제든 곁에 있을 거라고 생각하기 때문이다.

그런데 불치병에 걸려 곧 죽는다고 생각하면 모든 것이 안타깝고 소중하다. 더 이상 손잡아줄 수 없는 사랑하는 사람들이 주마등처럼 스쳐 지나갈 것이고, 그동안 하지 못했던 말과 표현을 남기려고 애쓸 것이다. 저자는 더 이상 볼 수 없는 아름다운 세상에서 진짜 사랑을 나누게 되는 것이 오아시스를 만난 것이라고 표현한다.

하나님을 믿지 않는 사람이어도 극한 상황에 처하면 소중한 사람을 떠올리며 그 사랑을 표현할 줄 안다. 하물며 모든 것을 후히 주시며 공급하시는 하나님을 믿는 사람이라면 시련을 믿음의 눈으로 볼 수 있어야 하지 않겠는가!

우리는 하나님께 아는 것을 삶으로 옮길 수 있는 능력인 지혜를 구해야 한다(약 1:5). 그 지혜가 시련 뒤에 있는 오아시스를 발견하게 해줄 것이기 때문이다.

히브리서를 보면 모세에 대한 이야기가 이렇게 기록되어 있다.

도리어 하나님의 백성과 함께 고난 받기를 잠시 죄악의 낙을 누리
는 것보다 더 좋아하고 그리스도를 위하여 받는 수모를 애굽의 모
든 보화보다 더 큰 재물로 여겼으니 이는 상 주심을 바라봄이라

히 11:25-26

모세는 죄의 낙을 누리는 것보다 고난 받는 것이 더 좋다고 했다.
그 이유는 하나님을 믿기 때문이다. 시련을 이기도록 지혜를 주시고
공급하시는 하나님이 있기에 모세는 모든 고난을 즐거움으로 이겨
냈던 것이다.

신앙인다움은 어떤 역경이 찾아와도 기도할 수 있어야 한다. 그
러면 모세처럼 기쁨으로 시련을 맞이할 수 있는 힘을 얻게 된다.

그렇다면 기도하는 사람은 어떤 마음으로 기도해야 하는가?

오직 믿음으로 구하고 조금도 의심하지 말라 의심하는 자는 마치
바람에 밀려 요동하는 바다 물결 같으니 약 1:6

믿음의 기도는 조금도 의심하지 않는 기도다. 하나님이 시련을
넘어서는 지혜를 공급해주실 것을 믿고 기도하는 것이다.

성경은 "사람이 감당할 시험밖에는 너희가 당한 것이 없나니"(고
전 10:13)라고 말씀한다. 하나님은 우리가 시험을 당할 때 피할 길을
내셔서 능히 감당하도록 하신다는 것이다. 그리고 우리는 감당치 못
할 시험을 허락하지 않으시는 하나님을 믿어야 한다.

'의심하다'는 두 가지 뜻이 있다. 첫째, '망설이다, 주저하다'라는 뜻이 있다. 의심은 스스로 자신과 모순되고 불화함으로 주저하게 만든다. 믿음을 가진 사람도 이런 마음이 들 때가 있다. 하나님께 믿음을 갖고 기도하면서도 '과연 기도한 것이 이루어질까'라는 마음을 품는다. 이것이 스스로 자신과 모순을 일으키는 것이다.

믿기로 작정했다면 현재 일어나는 문제 때문에 더 이상 갈등하지 말기 바란다. 시련은 믿음의 사건이지 우리를 넘어뜨리려는 시험이나 유혹이 아님을 기억해야 한다.

귀신 들린 딸을 둔 한 가나안 여인이 있었다. 여인은 주님을 찾아와 딸을 도와 달라고 애원했다. 그러나 예수님은 자녀의 떡을 취하여 개들에게 주는 것은 마땅하지 않다며 유대인이 아닌 이방인이라는 이유로 매몰차게 거절하셨다. 이는 대단히 치욕적인 말이었다.

가나안 여인이 예수께 달려왔을 때는 이미 믿음을 갖고 있었다. 주님께 가면 딸을 고칠 수 있으리라는 믿음이었다. 그래서 여인은 주님께 더욱 매달리며 이렇게 말했다.

> 주여 옳소이다마는 개들도 제 주인의 상에서 떨어지는 부스러기를 먹나이다 하니 마15:27

여인은 예수님의 냉담한 반응에 뒤로 물러서지 않고 당당하게 외쳤다. 여인이 이렇게 말할 수 있었던 것은 믿음이 흔들리지 않았기 때문이다. 주님을 만나면 나을 수 있다는 믿음이 강하게 자리 잡아 어떤 것에도 갈등하지 않은 것이다. 이것이 의심하지 않는 신앙이다. 신앙은 치욕스러워도 참아야 한다. 하나님이 주실 줄 알고 기다리며 주저하지 않는 것이다.

의심하는 사람은 주저하게 된다. 이 길로 가야 할지 저 길로 가야 할지 주저하다가 신앙인다운 모습을 포기하고 만다.

존 맥스웰(John C. Maxwell)의 《행동 리더십》(다산북스 역간)에는 주저하는 사람을 향해 외치는 듯한 내용이 나온다.

"지금 당장 시작하라. 무슨 일을 하려고 하느냐가 아니라 지금 현재 어떤 일을 하고 있느냐가 중요하다. 실패한 사람들은 '언젠가 증후군'(someday sickness)를 가지고 있다. 그들의 좌우명은 '어느 날인가'이다. 하지만 그 어느 날은 영원히 오지 않는다. 성공을 보장하는 최선의 방법은 오늘부터 시작하는 것이다."

실패하는 사람은 늘 '언젠가'를 꿈꾼다. 그러나 그 '어느 날'은 행하지 않으면 영원히 오지 않는다. 저자의 말대로 성공을 보장하는 최고 방법은 오늘부터 시작하는 것이다.

신앙인다운 모습도 마찬가지다. '언젠가는 그렇게 되겠지'라는 무책임하고 막연한 생각을 가지는 것이 아니라 지금부터 말씀 안에서 하나씩 해 나가면 마침내 아름다운 신앙의 열매를 맺게 된다.

둘째, '비판하다, 비난하다'라는 뜻이 있다. 의심하는 사람은 아무리 부르짖어도 하나님으로부터 응답이 없으면 금방 믿음을 포기하고 "어떻게 이러실 수 있느냐"라고 비난한다. 점잖게 말하는 것 같아도 그 속을 파고 들어가면 비난하는 마음이 있다. 입술로는 믿는다고 말하지만 마음은 의심하는 것이다.

신앙인다운 모습을 가진 사람은 비난하지 않는다. 사람이 감당할 시험밖에 하나님이 허락하지 않으신다는 말씀을 믿고 믿음의 눈으로 해석하기 때문이다. 그런데 그 믿음이 없으면 "당신 때문에" "부모 때문에" "자식 때문에"라는 탓하는 말이 끊이지 않는다.

그렇다면 왜 의심하지 말아야 하는가? 의심하면 바람에 밀려 요동하다가 아무것도 얻지 못하기 때문이다(약 1:6-7).

하나님은 우리에게 좋은 것을 주고 싶어 하신다. 그런데 믿음의 기도를 드리지 않고 의심하기 시작하면 시련을 이길 수 있는 지혜를 받지 못한다. 예수 믿는 사람은 굳건해야 한다. 믿음으로 기도하면서 흔들리지 않기 위해 몸부림쳐야 한다.

성경을 보면 이렇게 기록되어 있다.

> 그러므로 내 사랑하는 형제들아 견실하며 흔들리지 말고 항상 주의 일에 더욱 힘쓰는 자들이 되라 이는 너희 수고가 주 안에서 헛되지 않은 줄 앎이라 고전 15:58

'견실하다'는 '확고하게 서 있다'라는 뜻이다. 이것은 물질이나 건강, 모멸감 등 온갖 이유로 삶에 시련이 닥칠 때 그 어떤 것도 우리를 움직이지 못하게 하라는 뜻이다. 상황에 따라 믿음의 길을 벗어나는 일이 없게 하라는 것이다.

좋은 것을 사모하는 신앙인

우리는 이 땅이 영원한 고향인 것처럼 살아서는 안 된다. 비록 우리 몸은 이 세상에 묻히게 되지만, 우리에게는 영원히 머물러야 할 아름다운 또 다른 고향이 있다.

우리는 이 세상에 살면서 잘 속는다. 사랑이나 의리 등 관계에 속기도 하고, 돈과 명예에 속기도 하고, 심지어 자녀에게도 속는다. 그러나 겉보기에 좋아 보이는 것에 속지 말아야 한다.

> 내 사랑하는 형제들아 속지 말라 온갖 좋은 은사와 온전한 선물이
> 다 위로부터 빛들의 아버지께로부터 내려오나니 그는 변함도 없
> 으시고 회전하는 그림자도 없으시니라 약 1:16-17

그리스도인은 과거에 하나님을 하늘에 계신 님이라고 해서 '하늘님'이라고 했다. 지금은 하늘에 한 분밖에 계시지 않는다고 해서 '하나님'이라고 부른다. 옛사람들은 하나님을 몰랐지만 하늘은 알았던 것 같다. 옛사람들의 말에 이런 말이 있다.

"포식하고 따뜻한 옷을 입고 편안하게 살아도 가르침이 없으면 금수에 가깝다"(飽食煖衣 逸居而無教 則近於禽獸).

옛사람들은 사람이 사는 데 있어 사람으로서 마땅히 해야 할 일들이 있다고 생각했다. 잘 먹고, 잘 입고, 잘사는 것을 제일이라 여겼지만 그 안에 가르침이 없으면 금수와 같다고 여겼던 것이다.

예수 믿는 사람도 이것을 경계하며 속지 말아야 한다. 물론 잘 먹

고, 잘 입고, 잘사는 것은 좋은 일이다. 그러나 그 보이는 것에 속아서 정말 중요한 말씀을 놓쳐서는 안 된다. 온갖 좋은 은사와 온전한 선물은 다 위에 계신 빛들의 아버지께로부터 내려오기 때문이다. 하나님께로부터 내려오는 것이 가장 좋고 온전한 선물이라는 것을 모른다면 세상에 속고 사는 것이다.

요셉은 노예에서 애굽의 총리가 되었다. 사실 그는 총리가 될 만한 조건을 갖춘 사람이 아니었다. 다만 옥살이하는 동안 남을 잘 섬겼고, 꿈 해몽을 잘했을 뿐이다. 그는 자신이 받은 모든 복은 하나님이 주신 것이라고 고백했다.

우리는 요셉처럼 먼저 자신의 일에 정직하고 성실하게 살아야 한다. 그러고 나서 온갖 좋은 은사와 온전한 선물은 빛들의 아버지께로부터 내려온다는 말씀처럼 어떤 상황에서도 하나님의 복을 기대하고 기다려야 한다.

지금의 삶이 어떠하든 자신이 갖고 있는 것이 최고라고 생각하거나 삶의 어려움을 자신만 겪는 고난이라고 생각해선 안 된다.

'속다'에는 '길을 잃다'는 뜻이 있다. 잘 먹고 잘살아서 괜찮은 인생인 줄 알았지만 그것에 속고 살았다면 뒤늦게야 길을 잃었음을 알게 된다는 것이다.

사업이 번창해 남부럽지 않게 살던 사람이 있었다. 그런데 어느 날 갑자기 기억을 잃어버리게 되었다. 어떤 사고가 있었던 것도 아닌데 갑자기 자신이 누구이고, 지금 어디에 있으며, 앞에 앉아 있는 사람이 누구인지 전혀 모르는 것이었다.

병원에서 검사해 보니 아주 드물게 나타나는 현상으로, 뇌에 하얀 구멍이 생겨 기억상실에 걸렸다는 것이다. 의사의 설명을 들은 그는 '자신이 누구이고, 자기 집이 어디인지 아무것도 모르는데 돈을 많이 벌면 뭐하나'라는 생각을 했다고 한다.

부요한 삶이 인생의 최고라고 생각하면 안 된다. 세상에는 진리인 줄 알고 좇아갔는데 부질없는 것이 많다.

성경은 "어떤 길은 사람이 보기에 바르나 필경은 사망의 길이니라"(잠 14:12)고 말씀한다.

사람이 보기에 바르고 아름다운 것일지 모르지만, 예수 믿는 사람은 그것에 속지 말아야 한다. 물론 돈을 많이 모으고 좋은 자리로 승진하고 삶의 지경이 넓어지는 것은 복된 일이다. 그러나 온갖 좋은 것과 온전한 은사는 오로지 하나님께로부터 내려온다. 그것을 잊지 말고 범사에 하나님께 감사해야 한다.

본분을 지키는 신앙인

성경은 왜 그 아버지로부터 내려오는 것이 진짜 좋은 선물이고 온전한 은사라고 말씀하는가?

> 그는 변함도 없으시고 회전하는 그림자도 없으시니라 약1:17

세상에는 변하지 않는 것이 없다. 변하지 않을 것 같던 사랑도 변하고, 돈 때문에 그 좋던 관계도 멀어지고, 피를 나눈 형제임에도 어떤 문제가 비집고 들어오면 마음이 상해 갈라서게 된다.

그러나 우리에게 가장 좋은 은사와 온전한 선물을 주시는 하나님은 변함이 없으시다. 하나님은 어제와 오늘이 동일한 분이시다. 그 하나님을 붙잡는 것이 우리 인생을 복되게 할 것이다.

> 헛된 생명의 모든 날을 그림자같이 보내는 일평생에 사람에게 무엇이 낙인지를 누가 알며 그 후에 해 아래에서 무슨 일이 있을 것을 누가 능히 그에게 고하리요 전 6:12

살다 보면 일평생 낙인 줄 알았는데 그림자처럼 어둡게 보내는 것이 많다. 낙이 많을수록 고통에 단련되지 않아서 곧잘 쓰러진다. 수고로움보다 즐기는 일을 좇던 사람이 한번 시련이 닥치면 견디지 못하는 이유도 그러하다. 그래서 성경은 우리가 바라봐야 할 것이 있다고 말씀한다.

> 일의 결국을 다 들었으니 하나님을 경외하고 그의 명령들을 지킬지어다 이것이 모든 사람의 본분이니라 전 12:13

잘 먹고 잘 입고 잘사는 것이 좋아 보이지만, 우리는 그것이 언제 그림자가 될지 장담하지 못한다. 그러므로 우리는 다른 것보다 하나님을 경외하고 그분의 명령을 다 지키는 것만큼은 잘 붙잡아야 한다. 성경은 이것을 신앙인다운 모습, 즉 본분이라고 했다.

본분은 '전부'라는 뜻이다. 물론 다른 것도 열심히 행하며 살아가야 하지만 모든 것에 우선시 되어야 할 것은 하나님을 경외하고 그분의 명령을 지키는 일이다. 이는 그리스도인들의 전부라고 표현할 만큼 중요한 일이다.

> 그가 그 피조물 중에 우리로 한 첫 열매가 되게 하시려고 자기의
> 뜻을 따라 진리의 말씀으로 우리를 낳으셨느니라 약1:18

이것이 하나님이 우리를 만드신 이유다. 쉽게 바뀌는 그림자처럼 온전하지 못한 것을 좇는 이 세상에서 하나님을 경외하고 명령을 지키는 것이 우리가 해야 할 일이라고 말씀하신 것은 하나님이 우리를 첫 열매로 삼고 싶으시기 때문이다. 하나님은 우리에게 그 첫 열매를 기대하시고 이 땅에 보내신 것이다. 이 사실을 잊지 말고 살아가는 우리가 되기를 바란다.

하나님이 신앙인다운 삶을 사는 모든 성도에게 좋은 것과 온전한 선물을 풍족하게 내려주시기를 주의 이름으로 축복한다.

부록

| chapter
1 | 품격 있는
신앙인 |

1. 말 정제하기 약 3:1-3

summary

    야고보서는 말의 실수가 없으면 온전한 사람이 된다고 했다. 온전한 사람은 신앙인다움을 갖춘 사람이다.

    온전해지기 위해서는 먼저 선생이 되지 않아야 한다. 가르치려고 들면 말을 많이 하게 된다. 그러면 말실수가 잦아지고, 상처 주는 말도 하게 된다. 들으려는 사람에게는 한 마디 말만으로도 충분하다. 그러나 들을 준비가 되어 있지 않은 사람에게는 많은 말로 가르친다고 해도 결코 좋은 효과를 보지 못한다.

    선생은 가르치는 것을 삶으로 실천할 수 있어야 한다. 그래야 다른 사람을 가르칠 수 있는 본보기가 된다. 그러지 않으면 그 말은 올무가 되어 더 큰 심판의 대상이 될 뿐이다.

    말에 온전한 사람이 되기 위해서는 말에 재갈을 물리는 것처럼 우리 입에도 재갈을 물려야 한다. 입에 재갈을 물리면 체를 사용해 이물질을 거르는 것처럼 말을 걸러내어 그 수를 줄여준다.

    재갈을 물리는 것은 말의 결과를 생각하도록 만들기 위함이다. 말은 파장을 가지고 있어 소리가 부딪치는 모든 것에 파급 효과를 일으킨다. 말은 단순히 소리 에너지만 있는 것이 아니라 영적 에너지도 함께 가지고 있다. 성경은 말이 칼로 찌르는 것과 같은 파급 효과가 있다고 말씀한다(잠 12:18). 함부로 휘두른 말에 누군가 받게 될 상처나 나에게 되돌아올지도 모르는 상처의 결과를 생각해야 한다.

말이 스스로 재갈을 물 수 없는 것처럼 우리도 마찬가지다. 물론 뼈를 깎는 우리의 노력도 필요하지만 성령의 도우심 없이는 절대 입술의 온전함을 바랄 수 없다. 입술을 지키는 것에도 우리는 주님의 은혜가 필요하다.

나눔

1 마음 열기

자신이 하는 말이 유익하고 덕을 세울 수 있는 말인지 묵상해 보십시오.

2 주제 나누기

본문 말씀을 묵상하고 나서 다음 질문에 따라 나누어 보십시오.

1. 신앙인으로 우리의 말이 온전해지기 위해서는 어떻게 해야 하나요?

TIP 가르치려고 하면 말을 많이 하게 되고, 말을 많이 할수록 그만큼 실수가 잦아집니다. 그러면 상처 주는 일도 많아집니다. 들으려는 사람에게는 한 마디 말만으로도 충분하지만, 준비되지 않은 사람에게 자꾸 가르치려고 들면 결국 서로에게 상처만 남게 됩니다(잠 17:10; 고전 14:19).

2. 우리 입술의 말을 아끼기 위한 구체적인 방법은 무엇인가요?

TIP 우리 입술의 재갈은 내뱉으려는 말을 한 번 더 생각하게 만들어줍니다. 그리고 진실한 마음에서 나오는 말인지, 유익하고 덕을 세울 수 있는 말인지 한 번 더 확인할 수 있게 해줍니다(시 39:1; 고후 7:14).

3. 말할 때 그 말의 결과를 생각하면서 말해야 하는 이유는 무엇인가요?

TIP 말은 영적 에너지를 지니고 있어 칼로 찌르는 것과 같은 파급 효과가 있습니다. 그래서 입 밖으로 나간 말은 다시 주워 담을 수 없을 뿐 아니라 듣는 사람을 거쳐 다시 자신에게 돌아오기도 합니다(눅 10:6).

4. 입에 재갈을 물리기 위한 우리의 노력보다 중요한 것은 무엇인가요?

TIP 우리 입에 재갈을 물리기 위해서는 많은 노력이 필요합니다. 그러나 말(馬)이 스스로 재갈을 물 수 없듯이 우리 입에 재갈을 물려주는 존재가 필요합니다(눅 12:12; 행 6:10).

1. 주어진 야고보서 말씀 읽고 묵상하기

TIP 감동적인 말씀이나 마음에 부딪치는 말씀을 적어 보십시오.

2. 말씀 적용

TIP 말의 파급 효과를 생각하면서 말을 하고 있는지 수치(%)를 매겨 보십시오. 부여하는 수치는 주관적일 수밖에 없지만 나름의 기준을 정해 기록합니다.

TIP 묵상한 말씀을 토대로 자신의 행동 가운데 신앙인답지 못했던 행동을 적어 보십시오.

3. 습관화하기

TIP 말을 걸러내지 못한 이유를 생각해 보고, 예수를 따르지 못한 세상적 습관 이 있다면 무엇인지 기록해 보십시오.

TIP 말씀대로 실천할 수 있는 일 한 가지를 기록해 실천 여부를 체크합니다.

목표							
요일별 상황	주일	월	화	수	목	금	토

4 결단하기

공동체 모임이나 멘토 등 신앙인들과 함께 나누어 보십시오. 나눔은 신앙인다움을 만드는 가장 확실한 방법입니다.

> 누구든지 사람 앞에서 나를 시인하면 나도 하늘에 계신 내 아버지 앞에서 그를 시인할 것이요(마 10:32)

5 함께 기도하기

기도 제목을 적은 뒤 함께 나누어 보십시오.

2. 말 길들이기 약 3:4-8

summary

　한 마디 말의 영향력은 한 사람의 삶을 뒤흔들 만큼 강력하다. 말은 모든 생각의 집합체이기 때문이다. 말이 가슴에 꽂히면 절망을 이겨낼 소망이 될 수도 있고, 감옥이 되어 좋은 것을 보지 못하도록 눈을 가릴 수도 있다.

　인생을 '항해'에 많이 비유한다. 항해 도중에 광풍을 만날 때가 있다. 그때는 상황과 환경에 맞게 배의 방향을 바꿀 수 있는 지혜가 필요하다. 인생에서도 광풍을 만날 때가 있는데, 그때 헤쳐 나올 수 있는 방법 중 하나는 말을 다스리는 것이다. 말은 작은 것에 불과해 보이지만, 큰 배를 원하는 방향으로 움직일 수 있는 키의 역할을 한다. 그러므로 우리는 좋은 말을 하도록 힘써야 한다. 좋은 말은 좋은 선택을 가져오기 때문이다.

　혀는 작은 기관에 불과하지만 이 혀로 거대한 것을 할 수 있다. 한 마디의 말로 인생의 격을 높일 수 있고, 삶을 칭송하게 만들 수도 있다. 반대로 보잘것없는 인생을 만들 수도 있다. 우리는 우리의 삶이 주님 안에서 자랑스러워지도록 혀를 길들여야 한다.

혀가 가진 특성 때문에 이 일은 결코 쉽지 않다. 혀는 쉬지 않는 악이자 죽이는 독을 가득 품은 것이라고 했다(8절). 이것을 뒤집어 읽으면, 길들인 혀는 악을 멈추게 하고 살리는 약이 될 수도 있다.

이처럼 말 한 마디는 삶을 순항하게 할 수도 있고, 고통스러운 항해가 되게 할 수도 있다. 우리는 자신의 입에서 살리는 말이 나오도록 혀를 길들여야 한다. 혀를 길들일 수만 있다면 우리 삶은 자랑거리가 될 뿐 아니라 살리는 양약이 되어 주변 사람들이 새 힘을 얻고 희망을 갖게 될 것이다.

나눔

1 마음 열기
자신이 한 말이 상대의 마음에 절망과 희망 중 어느 것을 남게 했는지 묵상해 보십시오.

2 주제 나누기
본문 말씀을 묵상하고 나서 다음 질문에 따라 나누어 보십시오.

1. 말 한 마디를 하더라도 더 생각하고 주의해야 하는 이유는 무엇인가요?

TIP 말은 절망을 이길 소망이 될 수 있지만, 감옥이 되어 좋은 것을 보지 못하도록 눈을 가릴 수도 있습니다. 말 한 마디 때문에 절망에 빠진 사람이 웃기도 하고 멀쩡하던 사람이 모든 것을 포기할 수도 있습니다(욥 29:21; 잠 15:1).

2. 인생을 '항해'라고 할 때 멋진 항해가 되려면 어떻게 해야 하나요?

TIP 말은 작은 것에 불과해 보이지만 큰 배를 원하는 방향으로 움직일 수 있는 키의 역할을 합니다. 삶의 광풍을 만났을 때 그 상황을 헤쳐 나올 수 있는 힘, 실패 가운데서 일어설 수 있는 힘이 한 마디 말에 있습니다(출 13:9).

3. 자신을 위해서도 말을 길들여야 하는데, 그 이유는 무엇인가요?

TIP 사소한 말 한 마디로 인생의 격이 높아질 수 있고, 반대로 보잘것없는 인생이 될 수도 있습니다. 어떤 말을 쓰느냐에 따라 인생의 평가가 달라집니다(잠 21:23).

4. 혀가 길들여지면 우리 입에서 어떤 말이 나올까요?

TIP 의인의 입에서 나오는 말은 살리는 말입니다. 주님은 우리가 의인 되기를 바라시고 혀가 길들여진 지혜로운 자가 되기를 원하십니다. 그러면 우리 혀를 통해 주변 사람들이 새 힘을 얻고 희망을 갖게 될 것입니다(잠 12:18).

3 실천 가이드

1. 주어진 야고보서 말씀 읽고 묵상하기

TIP 감동적인 말씀이나 마음에 부딪치는 말씀을 적어 보십시오.

2. 말씀 적용

TIP 상대에게 건넨 말이 살리는 말이었는지 수치(%)로 매겨 보십시오. 부여하는 수치는 주관적일 수밖에 없지만 나름의 기준을 정해 기록합니다.

TIP 묵상한 말씀을 토대로 자신의 행동 가운데 신앙인답지 못했던 행동을 적어 보십시오.

3. 습관화하기

TIP 소망보다 절망을 주는 말을 하고 있다면 그 이유를 생각해 보고, 예수를 따르지 못하게 하는 세상적 습관이 있다면 무엇인지 기록해 보십시오.

TIP 말씀대로 실천할 수 있는 일 한 가지를 기록해 실천 여부를 체크합니다.

목표							
요일별 상황	주일	월	화	수	목	금	토

4 결단하기

공동체 모임이나 멘토 등 신앙인들과 함께 나누어 보십시오. 나눔은
신앙인다움을 만드는 가장 확실한 방법입니다.

> 누구든지 사람 앞에서 나를 시인하면 나도 하늘에 계신 내 아버
> 지 앞에서 그를 시인할 것이요(마 10:32).

5 함께 기도하기

기도 제목을 적은 뒤 함께 나누어 보십시오.

3. 말과 일치되기 약 3:9-12

summary

　하나님과의 교제가 수직적 관계라면 하나님으로부터 받은 은혜를 사람들과 나누는 것은 수평적 관계다. 신앙이라는 수직적 관계와 신앙을 삶에서 드러내는 수평적 관계가 균형을 이루어 나갈 때 하나님께 드리는 영광이 더욱 빛을 발할 수 있다.

　신앙의 불일치는 말에서 시작된다. 하나님을 찬송한 입술로 사람을 저주하고 상처와 고통을 주기도 하는 것이다. 신앙의 불일치를 극복하려면 우리 입에서 저주의 말을 없애야 한다. 말은 상대에게 전해지기 전 자신에게도 중요한 영향을 미친다. 입술에서 나오는 말을 가장 먼저 듣는 사람이 바로 자신이기 때문이다.

　신앙인은 하나님께 아름다운 고백을 드리는 사람답게 주변 사람에게 향기 나는 말을 해주어야 한다. 그러려면 먼저 사람을 보는 우리의 시각이 바뀌어야 한다. 모든 사람은 하나님의 형상대로 지음 받았다는 사실을 잊지 말아야 하는 것이다. 사람을 만날 때 하나님과의 만남을 생각하며 입술을 다스리고, 하나님께 찬송하듯 그분의 형상을 닮은 사람에게 칭찬과 격려의 말을 들려주어야 한다.

우리는 하나님의 형상대로 지음 받아 구원의 은혜를 입은 사람이다. 그러므로 신앙인의 지조를 지켜 결실을 맺어 나가야 한다.

우리가 신앙의 지조를 잃어버리면 하나님께로부터 맡은 바를 포기하는 것이다. 그래서 신앙의 지조는 우리 생명과도 같다. 우리는 성령의 능력을 사모함으로 우리 입술에서 찬송과 아름다운 고백, 감사의 말이 나오도록 기도해야 한다.

나눔

1 마음 열기

신앙인으로서 마땅히 해야 할 말에 얼마나 힘써 왔는지 묵상해 보십시오.

2 주제 나누기

본문 말씀을 묵상하고 나서 다음 질문에 따라 나누어 보십시오.

1. 하나님께 영광 돌리는 삶을 살기 위해 일치해야 할 두 가지 관계는 무엇인가요?

TIP 신앙이라는 수직적 관계와 신앙을 삶을 통해 이루어야 하는 수평적 관계가 있습니다. 수직적 관계는 하나님과의 관계, 수평적 관계는 사람들과의 관계입니다(막 12:30-31).

2. 신앙의 불일치는 어디서부터 시작되나요?

TIP 신앙의 불일치는 먼저 말에서 시작됩니다. 한 입에서 찬송과 저주가 동시에 나오기 때문입니다(잠 25:11).

3. 우리 입에서 저주하는 말이 사라져야 하는 이유는 무엇인가요?

TIP 저주하는 말이 사라질 때 신앙의 불일치를 극복할 수 있고, 더 나아가 우리 자신도 말한 대로 복을 거두게 됩니다(벧전 3:10-12).

4. 남에게 좋은 말을 하기 위해 신앙인으로서 먼저 회복해야 할 관점은 무엇인가요?

TIP 우리는 모두 하나님의 형상대로 지음 받은 귀한 존재이며, 구원의 은혜를 입은 사람임을 잊지 말아야 합니다. 이것은 하나님의 관점이기도 합니다(벧전 2:9; 벧전 4:11).

1. 주어진 야고보서 말씀 읽고 묵상하기

TIP 감동적인 말씀이나 마음에 부딪치는 말씀을 적어 보십시오.

2. 말씀 적용

TIP 하나님을 찬양하는 말과 이웃을 칭찬하는 말이 얼마나 일치되는지 수치(%)를 매겨 보십시오. 부여하는 수치는 주관적일 수밖에 없지만 나름의 기준을 정해 기록합니다.

TIP 묵상한 말씀을 토대로 자신의 행동 가운데 신앙인답지 못했던 행동을 적어 보십시오.

3. 습관화하기

TIP 하나님을 찬양하는 입술로 남을 험담한 적이 있다면 그 이유를 생각해 보고, 예수를 따르지 못한 세상적 습관이 있다면 무엇인지 기록해 보십시오.

TIP 말씀대로 실천할 수 있는 일 한 가지를 기록해 실천 여부를 체크합니다.

목표							
요일별 상황	주일	월	화	수	목	금	토

4 결단하기

공동체 모임이나 멘토 등 신앙인들과 함께 나누어 보십시오. 나눔은 신앙인다움을 만드는 가장 확실한 방법입니다.

> 누구든지 사람 앞에서 나를 시인하면 나도 하늘에 계신 내 아버지 앞에서 그를 시인할 것이요(마 10:32).

5 함께 기도하기

기도 제목을 적은 뒤 함께 나누어 보십시오.

chapter
2

같이하는
신앙인

1. 공평하신 하나님처럼 _{약 2:1-4}

summary

예수를 오래 믿었다고 해서 삶이 완전히 달라지는 것은 아니다. 하나님의 은혜로 구원의 기쁨을 알게 되었어도 그 기쁨의 삶을 지속적으로 유지한다는 것은 어려운 일이다. 그래서 신앙인다운 삶을 살기 위해서는 끊임없는 훈련이 필요하다. 훈련 없이 능력은 생겨나지 않는다. 야고보서는 신앙인으로서 해야 할 훈련에 대해 반복적으로 말해주고 있다.

훈련이란 때로는 죽기보다 싫을 때도 있지만 또다시 그곳으로 발걸음을 옮기는 것이다. 차별은 특정 사람이나 그룹을 특별하게 우호적으로 대하는 것이다. '누군가에게만'이라고 특정 그룹으로 제한한다면 그것은 차별이 된다. 개역한글 성경은 "사람을 차별하여 대하지 말라"(1절)는 구절을 "사람을 외모로 취하지 말라"고 번역했다. 하나님은 사람을 외모로 보지 않으시고 마음의 중심을 본다고 말씀하셨다. 우리는 누구든지 공평하게 대할 수 있도록 훈련해야 한다.

세상은 돈으로 사람을 평가하려고 한다. 가진 것의 많고 적음에 따라 그 사람의 가치를 매기는 것이다. 그러나 예수 믿는 사람이라면 고상한 것을 볼 수 있어야 한다. 눈에 보이는 이 땅의 물질보다 보이지 않지만 훨씬 더 가치 있는 것을 보는 눈을 가져야 한다.

차별은 단순한 문제가 아니다. 죄악의 문제다. 예수 믿는 사람은 누구든 차별하지 않는 훈련을 해야 하고, 차별의 시각을 내려놓을 수 있어야 한다. 그래야 신앙인다움을 회복할 수 있다.

나눔

1 마음 열기
가치 있는 것을 공평한 시각으로 보고 있는지 묵상해 보십시오.

2 주제 나누기
본문 말씀을 묵상하고 나서 다음 질문에 따라 나누어 보십시오.

1. 신앙인다운 삶을 위해 필요한 것은 무엇인가요?

TIP 신앙인다운 삶을 살기 위해서는 지속적으로 훈련해야 합니다. 훈련이란 때로는 죽기보다 싫을 때도 있지만 또다시 그곳으로 발걸음을 옮기는 것입니다(시 57:7-8; 눅 22:39).

2. 신앙인답게 공평한 시각을 가지고 있나요?

TIP 신앙인다워지려면 공정해지는 훈련을 거쳐야 합니다. 차별은 특정 사람이나 그룹을 특별히 우호적으로 대하는 것입니다(신 1:17; 롬 10:12).

3. 겉모습을 보고 사람을 판단한 경험이 있나요?

TIP 하나님은 사람을 외모로 보지 않으시고 마음의 중심을 본다고 말씀하셨습니다. 겉모습을 떠나 우리는 누구든 똑같이 대할 수 있도록 훈련해야 합니다(삼상 16:7; 요 7:24).

4. 공평한 시각을 가지기 위해 주의해야 할 한 가지는 무엇인가요?

TIP 예수 믿는 사람으로서 공정한 시각을 가지려면 자신이 무엇을 존경하고 있는지 점검해야 합니다. 신앙인은 눈에 보이는 것 너머 보이지 않는 곳에 더 값진 것이 있음을 믿음의 눈으로 봐야 합니다(히 11:1; 벧전 3:4).

3 실천 가이드

1. 주어진 야고보서 말씀 읽고 묵상하기

TIP 감동적인 말씀이나 마음에 부딪치는 말씀을 적어 보십시오.

2. 말씀 적용

TIP 공정한 시각으로 상대를 대하고 있는지 수치(%)를 매겨 보십시오. 부여하는 수치는 주관적일 수밖에 없지만 나름의 기준을 정해 기록합니다.

TIP 묵상한 말씀을 토대로 자신의 행동 가운데 신앙인답지 못했던 행동을 적어보십시오.

3. 습관화하기

TIP 보이는 것만 갖고 상대를 판단했다면 그 이유를 생각해 보고, 예수를 따르지 못한 세상적 습관이 있다면 무엇인지 기록해 보십시오.

TIP 말씀대로 실천할 수 있는 일 한 가지를 기록해 실천 여부를 체크합니다.

목표							
요일별 상황	주일	월	화	수	목	금	토

4 결단하기

공동체 모임이나 멘토 등 신앙인들과 함께 나누어 보십시오. 나눔은
신앙인다움을 만드는 가장 확실한 방법입니다.

> 누구든지 사람 앞에서 나를 시인하면 나도 하늘에 계신 내 아버
> 지 앞에서 그를 시인할 것이요(마 10:32).

5 함께 기도하기

기도 제목을 적은 뒤 함께 나누어 보십시오.

2. 내 이웃을 내 몸과 같이 약 2:5-9

summary

공동체는 각 구성원이 하나 될 때 힘을 발휘한다. 공동체가 하나 되지 못하면 혼란과 분열을 거듭하다가 결국 와해되고 만다.

성경은 공동체를 하나 되지 못하도록 방해하고 무기력하게 만드는 원인으로 차별을 말씀한다. 차별에는 선을 그어 구별하고 나눈다는 뜻이 담겨 있다. 그래서 공동체 안에 차별이 생기면 하나 됨을 이룰 수 없다.

하나님은 우리를 영원한 그 나라를 상속받을 상속자로 불러주셨다. 단지 부요하다는 조건 때문에, 자신이 남보다 더 낫다는 이유 때문에 차별하는 마음과 행동을 갖는다면 그것으로 공동체를 무너뜨릴 수 있다.

부요함으로 차별하는 것을 멈춰야 하는 이유는 우리 안에 있는 존귀한 이름인 예수 그리스도를 욕되게 하기 때문이다. 부요함을 차별의 도구로 쓰는 사람은 하나님을 두려워하지 않는 사람이다. 하나님이 주신 생명보다 부요함의 가치를 더 높인 행위이기 때문이다. 이것이 차별의 첫 번째 함정이다.

차별이 주는 두 번째 함정은 부요함으로 긍휼을 베푸는 것이 아니라 도리어 가난한 사람을 억압하고 착취하는 도구로 쓴다는 것이다. 부요함은 긍휼의 도구가 되어야 하며, 살리는 도구가 되어야 한다. 하나님이 우리에게 좋은 것을 주신 것은 자신을 자랑하기 위함이 아니라 하나님의 이름이 아름답게 빛남으로 모두가 유익해지기를 원하시기 때문이다.

부요함을 차별의 도구로 쓰지 않으려면 믿음이 부요해져야 한다. 믿음의 부요가 세상의 부요를 덮는다면, 그때 우리 삶이 신앙인다움으로 회복되어 하나님이 약속하신 나라를 상속받게 될 것이다.

나눔

1 마음 열기

가정, 교회, 사회 등 자신이 속한 공동체가 하나 됨을 이루고 있는지 묵상해 보십시오.

2 주제 나누기

본문 말씀을 묵상하고 나서 다음 질문에 따라 나누어 보십시오.

1. 공동체를 하나 되지 못하도록 방해하고 무기력한 공동체로 만드는 원인은 무엇인가요?

TIP 차별은 공동체가 하나 되는 것을 방해합니다. 차별에는 선을 그어 구별하고 나눈다는 뜻이 담겨 있습니다. 그래서 공동체 안에서 차별이 생기면 하나 됨을 이룰 수 없습니다(막 6:3; 엡 4:4-6).

2. 부요함 때문에 일어난 차별은 어떤 문제를 불러 오나요?

TIP 단지 부요하고 남보다 낫다는 이유로 차별하는 마음을 갖고 그렇게 행동한다면 이로 말미암아 공동체를 무너뜨리게 됩니다. 또한 이것은 우리 안에 있는 존귀한 이름인 예수 그리스도를 욕되게 하는 일입니다(삼상 17:42; 골 3:5).

3. 부요함으로 차별하지 않기 위해 우리는 무엇에 관심을 가져야 하나요?

TIP 부요함을 차별의 도구로 쓰지 않으려면 믿음이 부요해져야 합니다. 믿음의 부요가 세상의 부요를 덮는다면 우리 삶이 신앙인다운 삶으로 회복되어 하나님이 약속하신 나라를 상속받게 될 것입니다(갈 5:16; 골 3:2).

4. 우리는 하나님이 주신 부요함을 어떻게 사용해야 하나요?

TIP 하나님이 우리에게 좋은 것을 주신 것은 자신을 자랑하기 위함이 아니라 하나님의 이름이 아름답게 빛나게 함으로 모두가 유익해지기를 원하시기 때문입니다. 우리가 가진 것을 차별이 아닌 섬기는 일에 쓴다면 공동체를 하나 되게 만드는 힘이 될 것입니다(고후 8:9; 빌 4:12-13).

3 실천 가이드

1. 주어진 야고보서 말씀 읽고 묵상하기

TIP 감동적인 말씀이나 마음에 부딪치는 말씀을 적어 보십시오.

2. 말씀 적용

TIP 하나님이 주신 것을 차별이 아닌 섬기는 일에 쓰고 있는지 수치(%)를 매겨 보십시오. 부여하는 수치는 주관적일 수밖에 없지만 나름의 기준을 정해 기록합니다.

TIP 묵상한 말씀을 토대로 자신의 행동 가운데 신앙인답지 못했던 행동을 적어 보십시오.

3. 습관화하기

TIP 내 이웃을 내 몸과 같이 사랑하지 않고 차별했다면 그 이유를 생각해 보고, 예수를 따르지 못한 세상적 습관이 있다면 무엇인지 기록해 보십시오.

목표							
요일별 상황	주일	월	화	수	목	금	토

4 결단하기

공동체 모임이나 멘토 등 신앙인들과 함께 나누어 보십시오. 나눔은 신앙인다움을 만드는 가장 확실한 방법입니다.

> 누구든지 사람 앞에서 나를 시인하면 나도 하늘에 계신 내 아버지 앞에서 그를 시인할 것이요(마 10:32).

5 함께 기도하기

기도 제목을 적은 뒤 함께 나누어 보십시오.

3. 우리가 긍휼을 받음같이 약 2:10-13

summary

긍휼은 하나님의 본성이다. 하나님이 우리를 긍휼로 만나주셨기 때문에 지금의 우리가 있는 것이다. 만약 하나님이 긍휼함보다 공의로움을 앞세우셨다면 그 공의 앞에 설 수 있는 사람은 아무도 없다. 그래서 긍휼은 하나님의 성품 가운데 최고라고 말할 수 있으며, 우리도 그 마음을 배워서 긍휼 베푸는 삶을 살아야 한다.

그렇다면 왜 우리에게 하나님의 긍휼하심이 필요한가? 모든 율법을 완벽하게 지킬 수 있는 사람이 아무도 없기 때문이다. 어떤 사람이 죄를 지어 감옥에 가게 되었더라도 그가 모든 죄를 범하지는 않았을 것이다. 이를테면 살인이나 간음을 하지 않았어도 다른 법을 하나라도 어기면 그는 범법자가 된다. 성경은 "의인은 없나니 하나도 없으며"(롬 3:10)라고 말씀한다. 긍휼을 받으려면 우리의 연약함을 인정해야 한다.

우리는 하나님으로부터 받아야 하는 긍휼이 있는 동시에 이웃을 향해 긍휼을 베풀어야 한다. 남의 약점을 잘 보는 사람일수록 긍휼 베푸는 일에 서툴다. 우리는 이에 대한 경각심을 가져야 한다. 우리가 베푼 긍휼은 앞으로 있을 심판으로 되돌아오기 때문이다.

우리가 긍휼의 마음으로 따뜻한 불빛이 되어줄 때, 인생의 깊은 산속에서 길을 잃은 누군가는 포기하거나 절망하지 않고 자신의 인생을 걸어갈 수 있는 힘을 얻는다. 비록 멀리서 비추는 조그만 불빛일지라도 자신의 자리에서 만나는 사람에게 따뜻함을 전해주는 것이 신앙인의 삶이자 교회 공동체가 해야 할 일이다. 우리는 하나님의 성품을 닮아 가기를 소망하는 사람이기 때문이다.

나눔

1 마음 열기

하나님의 긍휼하심을 어떻게 받았는지, 또 이웃에게 긍휼을 어떻게 나누었는지 묵상해 보십시오.

2 주제 나누기

본문 말씀을 묵상하고 나서 다음 질문에 따라 나누어 보십시오.

1. 우리에게 하나님의 긍휼하심이 필요한 이유는 무엇인가요?

TIP 하나님이 우리를 사랑하심으로 예수님이 우리를 대신하여 십자가를 지셨습니다. 우리는 율법 앞에 누구도 완벽할 수 없는 연약한 존재입니다. 그러므로 우리에게는 하나님의 긍휼이 필요합니다(시 51:5; 고후 4:7).

2. 우리는 왜 자신의 연약함을 인정해야 하나요?

TIP 우리가 자신의 연약함을 인정하지 않고 완전할 수 있다고 생각한다면 교만에 빠지게 됩니다. 교만은 하나님의 개입을 거절하게 만듭니다. 그러면 긍휼을 받지 못하고, 긍휼을 베풀 줄도 몰라서 영혼과 삶이 메마르게 됩니다 (롬 8:26; 벧전 1:24-25).

3. 우리는 긍휼하심을 받았음에도 남을 긍휼히 여기지 못할 때가 있습니다. 그 이유는 무엇인가요?

TIP 우리 눈은 자신보다 남을 더 많이 봅니다. 그래서 남의 잘못이 더 쉽게 보이는데, 자신이 남보다 낫다는 생각이 들면 긍휼의 마음이 사라지게 됩니다 (마 7:1; 마 7:3).

4. 신앙인은 자신이 받은 하나님의 긍휼하심을 어떻게 증명해야 하나요?

TIP 우리는 하나님으로부터 받아야 하는 긍휼이 있는 동시에 이웃을 향해 긍휼을 베풀어야 합니다. 우리가 긍휼의 마음으로 따뜻한 불빛이 되어줄 때, 인생의 깊은 산속에서 길을 잃은 누군가는 포기하거나 절망하지 않고 자신의 인생을 걸어갈 수 있는 힘을 얻습니다(마 5:7; 눅 10:30-37).

실천 가이드 _____

1. 주어진 야고보서 말씀 읽고 묵상하기

TIP 감동적인 말씀이나 마음에 부딪치는 말씀을 적어 보십시오.

2. 말씀 적용

TIP 하나님께 긍휼을 받은 것처럼 이웃에게 얼마나 긍휼을 베풀고 있는지 수치
(%)를 매겨 보십시오. 부여하는 수치는 주관적일 수밖에 없지만 나름의 기
준을 정해 기록합니다.

TIP 묵상한 말씀을 토대로 자신의 행동 가운데 신앙인답지 못했던 행동을 적어
보십시오.

3. 습관화하기

TIP 이웃에 대해 긍휼하지 못하다면 그 이유를 생각해 보고, 예수를 따르지 못
한 세상적 습관이 있다면 무엇인지 기록해 보십시오.

TIP 말씀대로 실천할 수 있는 일 한 가지를 기록해 실천 여부를 체크합니다.

목표							
요일별 상황	주일	월	화	수	목	금	토

4 결단하기

공동체 모임이나 멘토 등 신앙인들과 함께 나누어 보십시오. 나눔은 신앙인다움을 만드는 가장 확실한 방법입니다.

> 누구든지 사람 앞에서 나를 시인하면 나도 하늘에 계신 내 아버지 앞에서 그를 시인할 것이요(마 10:32).

5 함께 기도하기

기도 제목을 적은 뒤 함께 나누어 보십시오.

chapter
3

가치를 아는
신앙인

1. 물질의 한계를 넘어서 약 1:9-11

summary

　하나님은 '바알'이라는 풍요를 상징하는 우상을 아주 싫어하셨다. 풍요를 싫어하는 사람은 아마 없을 것이다. 물론 하나님을 잘 믿어서 풍요로워질 수 있다. 그러나 하나님과 풍요의 방향이 다르다면 하나님을 좇아가야 한다. 하나님을 믿어 풍요가 주어지면 감사해야 하고, 그렇지 않더라도 감사해야 한다.

　어떤 가치보다 풍요를 앞세우면 더 많은 이익을 남기기 위해 하나님까지 포기하는 행동을 서슴지 않게 된다. 야고보는 예수를 믿는다는 이유로 핍박과 곤궁한 삶을 살아야 했던 그리스도인들에게 어려운 상황에서 하나님의 사람답게 사는 길이 무엇인지 말해준다.

　신앙인답게 살기 위해서는 먼저 자신의 인생과 남의 인생을 부요함의 잣대로 평가하지 말아야 한다. 사람은 가난한 인생을 살면 왠지 모르게 자존감이 낮아져 자신의 인생을 낮은 인생이라고 단정 짓는다. 반면 부한 사람들은 자신의 인생을 높게 생각하며 거드름을 피우기도 한다. 신앙인은 신앙인으로서의 가치로 존중 받을 수 있어야 한다. 부요함이 아니라 하나님이 가르쳐주신 진정한 가치로 무기를 삼아야 한다.

하나님은 우리가 물질의 신에게 절하지 않도록 반복해 말씀하셨다. 물질은 우리의 목적지가 아니다. 부요함을 좇는 것은 곧 사그라질 풀의 꽃처럼 손에 쥔 것 같지만 금방 사라지고 만다. 그러므로 우리는 물질의 늪에 빠지지 않도록 주의해야 한다. 지금 시련 가운데 있다면 물질로 인생의 높낮이를 평가할 것이 아니라 하나님 때문에 높아진 인생을 자랑하며 즐겁게 인내하기를 바란다. 그 인내는 신앙인다움을 하나둘씩 만들어 갈 것이다.

나눔

1 마음 열기

우리의 삶과 신앙에 물질이 주는 풍요로움이 어느 정도를 차지하고 있는지 묵상해 보십시오.

2 주제 나누기

본문 말씀을 묵상하고 나서 다음 질문에 따라 나누어 보십시오.

1. 하나님과 물질이 충돌할 때 우리는 무엇을 선택해야 하나요?

TIP 인생은 선택의 연속입니다. 믿음의 사람이라면 무엇보다 먼저 하나님을 선택해야 합니다. 그러나 많은 사람이 더 많은 이익을 남기기 위해 정직이나 성실, 심지어 하나님까지 포기하면서까지 물질을 추구합니다(눅 16:13; 롬 1:21).

2. 사람들은 자신이나 다른 사람의 인생에 대해 주로 무엇을 가지고 평가하나요?

TIP 사람들은 대개 부요함을 가지고 자신과 다른 사람을 평가하는 경향이 있습니다. 물질이 많으면 교만에 빠지고 쉽게 남을 무시하고, 물질이 없으면 자신감이 없고 자존감도 낮아지게 됩니다(겔 28:5).

3. 성도들이 궁극적으로 자랑해야 하는 것은 무엇인가요?

TIP 물질이 아니라 예수로 말미암아 높아짐을 자랑해야 합니다. 가난한 자는 자신의 높아짐을 자랑하고, 부요한 자는 자신의 낮아짐을 자랑해야 합니다(잠 22:2; 고후 12:9).

4. 물질적 부요함을 가지고 사람의 가치를 평가하면 안 되는 이유는 무엇인가요?

TIP 영원한 것이야말로 우리가 사모해야 할 진정한 가치임을 알고 살아가야 합니다. 여기에 인생을 걸 때 아름다운 신앙인다운 삶을 살아갈 수 있습니다(시 90:4; 잠 11:28).

1. 주어진 야고보서 말씀 읽고 묵상하기

TIP 감동적인 말씀이나 마음에 부딪치는 말씀을 적어 보십시오.

2. 말씀 적용

TIP 물질과 하나님의 일 가운데 나의 선택은 어디를 향하고 있는지 수치(%)를 매겨 보십시오. 부여하는 수치는 주관적일 수밖에 없지만 나름의 기준을 정해 기록합니다.

TIP 묵상한 말씀을 토대로 자신의 행동 가운데 신앙인답지 못했던 행동을 적어 보십시오.

3. 습관화하기

TIP 하나님의 일보다 물질이 앞선 적이 있다면 그 이유를 생각해 보고, 예수를 따르지 못한 세상적 습관이 있다면 무엇인지 기록해 보십시오.

TIP 말씀대로 실천할 수 있는 일 한 가지를 기록해 실천 여부를 체크합니다.

목표							
요일별 상황	주일	월	화	수	목	금	토

4 결단하기

공동체 모임이나 멘토 등 신앙인들과 함께 나누십시오. 나눔은 신앙인다움을 만드는 가장 확실한 방법입니다.

> 누구든지 사람 앞에서 나를 시인하면 나도 하늘에 계신 내 아버지 앞에서 그를 시인할 것이요(마 10:32).

5 함께 기도하기

기도 제목을 적은 뒤 함께 나누어 보십시오.

2. 오늘 해야 하는 선행 약 4:13-17

summary

    하나님은 생명이 잠시 있다가 없어지는 안개와 같은 것이라고 말씀하셨다. 평균 수명이 백 년이 된다고 할지라도 곧 사라져버리고 마는 것이 우리 인생이다.

    인생이 안개와 같다는 것을 알고 하나님만 의지하며 살아가야 할 사람의 첫 번째 모습은 내일이 아니라 오늘을 사는 것이다. 우리는 미래를 생각하지 않을 수 없다. 사람이 오늘을 살면서 내일을 생각하는 것은 자연스러운 일이다. 그런데 내일을 계획하다가 오늘 써야 할 에너지를 소진한다면 오늘뿐 아니라 내일도 놓치고 만다.

    요셉은 아무것도 보이지 않는 미래를 한탄하지 않았다. 그렇다고 쓸데없는 꿈을 꾸며 무의미하게 보내지도 않았다. 요셉은 그 자리에서 최선의 순간을 만들어 갔다. 성실하고 정직한 그에게 하나님의 은혜가 임하자 그는 옥중에서도 간수장의 제반 사무를 처리할 만큼 형통하기에 이르렀다.

    인생이 안개와 같음을 알고 하나님만 의지하며 살아가야 할 사람의 두 번째 모습은 주님이 원하시는 것이 무엇인지 분별하면서 선을 행하는 것이다. 성경은 선인 줄 알고도 선을 행하지 않으면 죄라고 말씀한다. 우리는 주님이 말씀하시는 선한 일이 무엇이고, 온전하신 뜻이 무엇인지 분별해 지금 행해야 한다.

지금 행하는 일이 주님이 기쁘게 받으실 만한 것인지, 주님의 마음에 합한 것인지를 고민하고 갈등하면서 오늘 우리가 행해야 하는 선을 미루어선 안 된다. 금세 지나가는 인생이지만 주님께 집중하며 오늘 할 수 있는 선을 베푼다면, 그 지나는 곳에 주님의 이름으로 행한 선의 열매가 풍성하게 맺힐 것이다.

나눔

1 마음 열기

자신에게 주어진 오늘에 최선을 다하며, 자신이 할 수 있는 선행을 베풀었는지 묵상해 보십시오.

2 주제 나누기

본문 말씀을 묵상하고 나서 다음 질문에 따라 나누어 보십시오.

1. 인생을 의지하지 말아야 하는 이유는 무엇인가요?

`TIP` 인생은 잠깐 있다가 사라지는 안개와 같고, 그의 날은 지나가는 그림자와 같은 유한한 존재이기 때문입니다(시 144:3).

2. 예수 믿는 사람이 내일보다 오늘을 더 충실하게 살아야 하는 이유는 무엇인가요?

`TIP` 아무것도 모르는 내일보다 오늘이 더 중요하기 때문입니다. 'present'에 '현재'와 '선물'이라는 뜻이 있듯 은혜의 선물로 주신 오늘에 집중해야 합니다 (마 6:33-34).

3. 오늘에 더 집중하는 삶을 살아갈 때 기대할 수 있는 은혜는 무엇인가요?

`TIP` 주어진 상황에 최선을 다해 집중할 때 요셉의 삶처럼 캄캄한 미래를 새롭고 밝은 미래로 바꿔 주십니다(마 25:40; 히 6:11-12).

4. 선행을 바로 오늘 실천해야 하는 이유는 무엇인가요?

`TIP` 언제나 주님께 집중하면서 성령의 능력에 힘입어 오늘 할 수 있는 선행에 최선을 다해야 합니다. 주님은 그것을 기뻐하시고 내일의 풍성한 열매를 맺게 해주십니다(잠 11:25; 살전 3:13).

3 실천 가이드

1. 주어진 야고보서 말씀 읽고 묵상하기

TIP 오늘 주님의 말씀에 따라 선을 행한 것을 적어 보십시오.

2. 말씀 적용

TIP 오늘 자신에게 주어진 시간에 최선을 다해 자신이 할 수 있는 선을 행했는 지 수치(%)를 매겨 보십시오. 부여하는 수치는 주관적일 수밖에 없지만 나 름의 기준을 정해 기록합니다.

TIP 묵상한 말씀을 토대로 자신의 행동 가운데 신앙인답지 못했던 행동을 적어 보십시오.

3. 습관화하기

TIP 우리 능력 안에서 할 수 있는 선행을 하지 못했다면 그 이유를 생각해 보고, 예수를 따르지 못한 세상적 습관이 있다면 무엇인지 기록해 보십시오.

TIP 말씀대로 실천할 수 있는 일 한 가지를 기록해 실천 여부를 체크합니다.

목표							
요일별 상황	주일	월	화	수	목	금	토

4 결단하기

공동체 모임이나 멘토 등 신앙인들과 함께 나누십시오. 나눔은 신앙인다움을 만드는 가장 확실한 방법입니다.

> 누구든지 사람 앞에서 나를 시인하면 나도 하늘에 계신 내 아버지 앞에서 그를 시인할 것이요(마 10:32).

5 함께 기도하기

기도 제목을 적은 뒤 함께 나누어 보십시오.

3. 가치 있는 삶을 향하여 약 5:1-6

summary

'부'(富)는 가치중립적이다. 부요함 자체로 선과 악의 가치를 매길 수 없다. 다만 부는 어떻게 모으고 사용하느냐에 따라 사람을 살리기도 하고 죽이기도 하는 양날의 검이 된다.

부가 주어졌을 때 기억해야 할 것은 재물 얻을 능력을 주신 분이 하나님이시라는 것이다. 하나님이 우리에게 부요함을 주셨기에 하나님의 방법대로 재물을 써야 한다. 만약 자신에게만 넉넉하고 남에게 넉넉하지 못하다면 다음과 같은 문제가 발생하게 된다.

첫째, 쉽게 사치하는 인생을 살게 된다. 사치는 삶의 분수를 넘어서 호사스럽게 사는 것이다. 둘째, 방종이다. 방종은 자신에게만 몰두하여 다른 것을 고려하지 않게 만든다. 제멋대로 행동하기를 거리낌 없이 한다는 것이다.

사치와 방종에 빠지면 옷이 좀 먹고 은과 금이 녹스는 것처럼 인생이 사그라진다. 부요하게 만들었던 재물이 썩어 없어질 인생으로 바뀌는 것이다. 하나님은 부요함을 자랑하지 말라고 하셨다. 하나님은 어렵고 약한 자들의 대변인이시며 그들을 선대하기를 즐거워하신다. 예수 믿는 사람이라면 이런 하나님의 마음을 기억하며 그분을 따라가야 한다.

재물을 즐거워하지 않는 사람은 아마 없을 것이다. 시편의 말씀처럼 모든 재물을 즐거워하는 것같이 주의 증거들의 도를 즐거워해야 한다(시 119:14).

사치와 방종에 빠진 인생을 살 것인지, 남과 넉넉함을 나누며 복 있는 인생을 살 것인지 우리는 부요함으로 삶을 선택할 수 있다. 재물을 즐거워하듯 하나님 말씀의 도를 즐거워하면서 사는 은혜가 있기를 바란다.

나눔

1 마음 열기

부요하다면 또는 부요하게 된다면 그 부를 어떻게 사용할 것인지 묵상해 보십시오.

2 주제 나누기

본문 말씀을 묵상하고 나서 다음 질문에 따라 나누어 보십시오.

1. 자신이 생각하는 부자는 어떤 사람이며, 그렇게 생각하는 이유는 무엇인가요?

TIP 부는 가치중립적입니다. 부요함 자체로 선과 악의 가치를 매길 수 없습니다. 다만 부의 축적 과정에 대해서는 선과 악의 평가를 내릴 수 있습니다 (호 12:7-8).

2. 만약 어떤 계기로 10억 원이 생긴다면 어디에 사용하고 싶은가요?

TIP 우리는 수고하여 돈을 벌지만, 재물 얻을 능력을 주신 분은 하나님이심을 기억하며 하나님의 방법대로 재물을 써야 합니다. 1번 질문의 답변을 생각하며 자신이 기억하고 있는 부자의 모습과 부자가 된 자신의 모습이 어떠한지 비교해 봅니다(신 8:18; 대하 1:12; 전 5:9; 고후 12:15).

3. 부요함이 가지고 오는 문제는 무엇인가요?

TIP 부요함이 문제를 일으키는 이유는 남을 전혀 고려하지 않고 그 부요함을 자신만 위해 사용하기 때문입니다. 부요함을 지니고 남에게 넉넉하지 못하면 사치와 방종에 이르게 됩니다(시 52:7; 잠 28:22).

4. 우리는 왜 남에게 넉넉해져야 하나요?

TIP 하나님은 지극히 작은 사람에게 한 것이 그분께 한 것이라 여기실 정도로 어렵고 약한 자를 선대하는 것을 기뻐하십니다. 또한 재물을 즐거워하듯 주의 증거들의 도를 즐거워하는 것이 예수 믿는 사람의 삶이기도 합니다 (수 2:12; 마 25:40).

3 실천 가이드

1. 주어진 야고보서 말씀 읽고 묵상하기

TIP 감동적인 말씀이나 마음에 부딪치는 말씀을 적어 보십시오.

2. 말씀 적용

TIP 하나님이 주신 부요함을 나와 이웃 중 어디에 얼마나 사용하는지 수치(%)를 매겨 보십시오. 부여하는 수치는 주관적일 수밖에 없지만 나름의 기준을 정해 기록합니다.

TIP 묵상한 말씀을 토대로 자신의 행동 가운데 신앙인답지 못했던 행동을 적어 보십시오.

3. 습관화하기

TIP 남에게 베푸는 일에 인색했다면 그 이유를 생각해 보고, 예수를 따르지 못한 세상적 습관이 있다면 무엇인지 기록해 보십시오.

TIP 말씀대로 실천할 수 있는 일 한 가지를 기록해 실천 여부를 체크합니다.

목표							
요일별 상황	주일	월	화	수	목	금	토

4 결단하기

공동체 모임이나 멘토 등 신앙인들과 함께 나누십시오. 나눔은 신앙인다움을 만드는 가장 확실한 방법입니다.

> 누구든지 사람 앞에서 나를 시인하면 나도 하늘에 계신 내 아버지 앞에서 그를 시인할 것이요(마 10:32).

5 함께 기도하기

기도 제목을 적은 뒤 함께 나누어 보십시오.

부록

chapter
4

주변을 살리는
신앙인

1. 남을 높여주는 인생이 되라 약 4:11-12

summary

　신앙인다움을 회복하는 길 가운데 하나는 서로를 향한 비방을 멈추는 것이다. 우리는 예수 믿는 사람인데 남을 헐뜯는 일이 자연스럽다면 남을 깎아내림과 동시에 자신의 영적 상태도 깎아버리는 것과 같다. 이는 찬송과 저주가 한 입에서 쏟아져 나오는 일이다.

　'비방'이라는 단어에는 '비난하다, 험담하다, 중상모략하다'라는 뜻과 함께 '거짓으로 또는 과장하여 고발하다'라는 뜻이 있다. 비방을 단순한 문제로 볼 수 없는 이유는 남을 비방하다 보면 말에 과장과 거짓이 쉽게 덧붙여지기 때문이다. 경쟁 심리나 질투에 휩싸여 남이 잘 되는 것을 보지 못하고 사실을 포기하면서까지 험담을 하는 것이다.

　사람들은 왜 이토록 비방하는 일에 몰두하는가? 11절은 형제를 비방하거나 판단하는 것은 율법을 비방하거나 판단하는 재판관과 같다고 했다. 비방은 자신을 들여다보기보다 남의 인생을 들여다보는 일에 더 열중하는 사람이 즐기는 일이다.

　우리는 먼저 자신을 들여다보아야 한다. 하나님이 우리에게 말씀을 주신 것은 타인의 판단자가 되게 하기 위해서가 아니다. 오히려 자신을 살피는 일을 등한시하고 있는 건 아닌지 고민해야 한다.

사람의 잘잘못을 판단하는 것은 하나님의 몫이자 그분의 영역이다. 하나님만이 구원과 멸망을 결정하실 수 있기 때문이다. 그 권한을 인정하고 말씀을 지켜 행하는 준행자가 되는 것이 우리의 몫이다. 이웃을 판단하는 일에 주의하며 비방을 멈추기만 해도 인생이 훨씬 아름다워질 것이다.

나눔

1 마음 열기 ─────────────────────
이웃을 왜 비방하지 말아야 하는지 묵상해 보십시오.

2 주제 나누기 ─────────────────────
본문 말씀을 묵상하고 나서 다음 질문에 따라 나누어 보십시오.

1. 남을 비방하지 말아야 하는 이유는 무엇인가요?

TIP 비방은 '거짓으로 또는 과장하여 고발하다'라는 뜻을 지니고 있습니다. 그래서 비방하다 보면 말 가운데 과장과 거짓이 쉽게 덧붙여집니다. 비방하는 일은 판단자, 즉 재판관이 되는 것과 같습니다(마 15:19).

2. 율법의 준행자와 재판관은 각각 누구를 지칭하나요?

TIP 사람의 잘잘못을 판단하는 것은 하나님의 영역입니다. 하나님만이 구원과 멸망을 결정하실 수 있습니다. 우리는 하나님이 판단하시기를 맡기고, 하나님께로부터 들은 말씀을 행하면 됩니다(행 7:35).

3. 이웃을 비방하지 않기 위해 우리는 어떤 노력을 해야 하나요?

TIP 남을 향한 비방과 판단을 그치려면 가장 먼저 하나님의 말씀을 지키고자 하는 결단이 있어야 합니다(시 119:22; 시 119:39).

4. 이웃의 흠을 마주하게 되었을 때 어떤 반응을 보였나요?

TIP 하나님의 은혜로 사는 사람은 남의 잘못을 꾸짖는 것이 아니라 자신의 기도가 부족한 것으로 돌리며 하나님께 용서를 구해야 합니다(딛 3:2).

3 실천 가이드

1. 주어진 야고보서 말씀 읽고 묵상하기

TIP 감동적인 말씀이나 마음에 부딪치는 말씀을 적어 보십시오.

2. 말씀 적용

TIP 이웃의 부족함을 보았을 때 비방과 기도 중 어느 편을 택했는지 수치(%)를 매겨 보십시오. 부여하는 수치는 주관적일 수밖에 없지만 나름의 기준을 정해 기록합니다.

TIP 묵상한 말씀을 토대로 자신의 행동 가운데 신앙인답지 못했던 행동을 적어 보십시오.

3. 습관화하기

TIP 기도보다 비방이 앞선 이유를 생각해 보고, 예수를 따르지 못한 세상적 습관이 있다면 무엇인지 기록해 보십시오.

TIP 말씀대로 실천할 수 있는 일 한 가지를 기록해 실천 여부를 체크합니다.

목표							
요일별 상황	주일	월	화	수	목	금	토

4 결단하기

공동체 모임이나 멘토 등 신앙인들과 함께 나누십시오. 나눔은 신앙인다움을 만드는 가장 확실한 방법입니다.

> 누구든지 사람 앞에서 나를 시인하면 나도 하늘에 계신 내 아버지 앞에서 그를 시인할 것이요(마 10:32).

5 함께 기도하기

기도 제목을 적은 뒤 함께 나누어 보십시오.

2. 온유함으로 말씀의 꽃을 피우라 약 1:19-21

summary

세상에는 분노할 일이 참 많다. 우리는 어떤 일이 옳지 못하다고 느꼈을 때 분노한다. 그래서 때로 분노가 부당한 대우에 대항하는 정당한 행위라고 생각하기도 한다.

신앙인은 사회를 살아갈 때 분노를 조절할 수 있어야 한다. 좀 더 생각할 시간을 가지면서 묻지마 충동에 빠지지 않도록 주의해야 한다. 분노는 하나님의 의를 이루지 못하게 하기 때문이다.

분노를 멈추지 못하면 결국 죄와 연결된다. 죄의 삯은 사망이라고 했다. 분노는 감정의 표출에 그치지 않고 죄와 연결되므로 빠르게 차단해야 한다. 신앙인다움을 회복하기 위해서는 분노를 다스릴 수 있는 성령의 은혜를 구체적으로 간구해야 한다.

성경은 분노를 다스릴 수 있는 방법으로 말을 더디 하라고 말씀한다. 말하기 전에 무엇 때문에 분노했는지 생각해 보고 천천히 말하라는 것이다. 분노와 마주했을 때 감정대로 막 나가는 마구잡이식의 말이 아니라 부드럽게 정제된 말을 한다면 분노가 지피는 저주의 불을 방지할 수 있을 것이다.

신앙인답게 살기 위해 말을 더디 해야 한다면, 반대로 속히 해야 하는 것이 바로 듣는 일이다. 잠잠하여 듣는 것은 말을 듣는 순간 마음에 일어나는 여러 가지 들끓는 생각을 잠재우고 듣는 것에 집중하는 것이다.

듣는 것은 결국 마음의 문제다. 제대로 듣지 않아서 오해가 생기고, 오해가 생기니 목소리가 커져 분노한다. 이렇게 문제가 확장되면 하나님의 의를 이루지 못하는 결과를 낳게 된다. 분노를 피하고 부드러워지기 위해 우리는 먼저 마음을 담아 잘 들어야 한다.

나눔

1 마음 열기

자신의 삶에 분노가 차지하는 자리가 얼마나 되는지 묵상해 보십시오.

2 주제 나누기

본문 말씀을 묵상하고 나서 다음 질문에 따라 나누어 보십시오.

1. 우리가 분노를 조절해야 하는 이유는 무엇인가요?

TIP 분노는 결국 악을 생산합니다. 이는 곧 마귀에게 틈을 주는 일입니다. 분노 때문에 하나님의 의를 이루지 못하게 되므로 우리는 마음을 잘 다스려야 합니다(잠 16:32).

2. 분노를 다스리기 위해 가장 필요한 것은 무엇인가요?

TIP 우리는 신앙인다움을 회복하기 위해 분노를 다스릴 수 있는 능력을 구해야 합니다(딤전 2:8).

3. 분노를 다스릴 수 있는 방법은 무엇인가요?

TIP 분노와 마주했을 때 감정대로 막 나가는 마구잡이식의 말이 아니라 부드 럽게 정제된 말을 한다면 분노가 지피는 저주의 불을 방지할 수 있습니다 (잠 19:11).

4. 말을 더디 하기 위한 방법은 무엇인가요?

TIP 상대의 말을 끝까지 잘 듣고 난 다음 자기 이야기를 시작한다면 당연히 말 이 더딜 수밖에 없습니다. 걸러진 말은 대화를 더욱 부드럽게 만들어주 고, 경청은 상대가 말하고자 하는 바를 더 자세히 알도록 해줍니다(잠 20:12; 사 28:23).

1. 주어진 야고보서 말씀 읽고 묵상하기

TIP 감동적인 말씀이나 마음에 부딪치는 말씀을 적어 보십시오.

2. 말씀 적용

TIP 대화할 때 자신이 하는 말과 상대의 말을 듣는 비중이 어느 정도 되는지 수치(%)를 매겨 보십시오. 부여하는 수치는 주관적알 수밖에 없지만 나름의 기준을 정해 기록합니다.

TIP 묵상한 말씀을 토대로 자신의 행동 가운데 신앙인답지 못했던 행동을 적어 보십시오.

3. 습관화하기

TIP 살면서 가장 크게 분노했던 이유를 생각해 보고, 예수를 따르지 못한 세상적 습관이 있다면 무엇인지 기록해 보십시오.

말씀대로 실천할 수 있는 일 한 가지를 기록해 실천 여부를 체크합니다.

목표							
요일별 상황	주일	월	화	수	목	금	토

4 결단하기

공동체 모임이나 멘토 등 신앙인들과 함께 나누십시오. 나눔은 신앙인다움을 만드는 가장 확실한 방법입니다.

> 누구든지 사람 앞에서 나를 시인하면 나도 하늘에 계신 내 아버지 앞에서 그를 시인할 것이요(마 10:32).

5 함께 기도하기

기도 제목을 적은 뒤 함께 나누어 보십시오.

3. 위로부터 난 지혜의 열매를 거두라 약 3:17-18

summary

    화평을 심는 인생이 되기 위해서는 먼저 자신을 잘 들여다보며 성결함을 추구해야 한다. 이것은 자신에게 할 일이고, 남에게는 관용해야 한다.

    관용이 신앙인에게 필요한 이유는 모욕을 받고도 화내지 않는 성품을 만들어 주기 때문이다. 이는 우리를 위해 고난 받으신 예수님의 성품을 닮아 가는 일이기도 하다. 마음에 관용을 품으면 그 관용과 함께 순하고 선량해지는 양순도 지니게 된다.

    관용은 나와 다른 사람의 차이를 인정하고, 서로 다름을 존중해 주는 것이다. 갈등은 자신과 다름을 인정하지 않은 것에서 시작된다. 그때 상대가 처한 상황이나 감정을 알아주기만 해도 많은 갈등이 해소될 것이다.

    어떤 사람이 자신의 어려움을 알아줬으면 하는 마음에서 힘든 부분을 이야기하는데, 그 말을 잘 들어주고 마음을 알아주기보다 별것 아니라고 하면서 오히려 자신이 더 힘들다고 목소리를 높여선 안 된다. 만약 이런 상황에서 상대방의 감정을 배려할 수 있다면 그 배려는 자신에게도 유익함을 가져다줄 것이다.

모욕을 받아도 화내지 않는 관용의 마음이 양순을 겸하는 것이라면, 남의 감정을 잘 배려해주는 것은 긍휼과 자비를 가지고 온다. 선행을 하면 기쁜 마음이 드는 것은 한 가지 선행으로 선한 열매가 풍성히 열리기 때문이다.

하나님의 사람은 화평의 씨앗을 뿌려 의의 열매를 거둬야 한다. 그것을 위해 자신을 들여다보며 성결하기를 힘쓰고 남에게 관용을 베풀어야 한다. 우리는 이것을 늘 묵상하고 많은 지혜의 열매를 맺기 위해 끊임없이 기도해야 한다.

나눔

1 마음 열기

자신의 삶에 주님의 선한 열매가 풍성하게 맺혀 있는지 묵상해 보십시오.

2 주제 나누기

본문 말씀을 묵상하고 나서 다음 질문에 따라 나누어 보십시오.

1. 예수 믿는 사람답게 화평한 공동체를 만들기 위해 어떤 삶을 추구해야 하나요?

TIP 화평을 심는 인생이 되기 위해서는 남에게 관용해야 합니다. 관용은 모욕을 받고도 화를 내지 않으시는 예수님의 성품을 닮아 가는 것입니다(엡 4:32; 빌 4:5).

2. 위로부터 난 지혜는 자신과 다른 생각을 가진 사람을 어떻게 대하는 것일까요?

TIP 관용은 자신과 다른 사람의 차이를 인정하고 서로 다름을 존중해주는 것입니다. 모든 갈등은 자신과 다름을 인정하지 않는 것에서 시작됩니다(엡 4:2; 빌 2:3).

3. 위로부터 난 지혜를 받기 위해 어떤 삶을 살아야 하나요?

TIP 예수 믿는 사람은 다른 사람의 감정을 존중해주고 배려하도록 훈련해야 하고, 또 그렇게 되도록 기도해야 합니다(빌 4:6-7; 히 4:16).

4. 선행을 하면 기쁜 마음이 드는 것은 무엇 때문일까요?

TIP 한 가지 선행 뒤에 선한 열매가 풍성히 열리기 때문입니다. 그래서 성령의 은혜로 긍휼함이 있는 사람에게는 거짓이 없습니다(눅 6:43; 갈 5:22-23).

1. 주어진 야고보서 말씀 읽고 묵상하기

TIP 감동적인 말씀이나 마음에 부딪치는 말씀을 적어 보십시오.

2. 말씀 적용

TIP 화평을 위해 관용을 베풀었던 일이 얼마나 되는지 수치(%)를 매겨 보십시오. 부여하는 수치는 주관적일 수밖에 없지만 나름의 기준을 정해 기록합니다.

TIP 묵상한 말씀을 토대로 자신의 행동 가운데 신앙인답지 못했던 행동을 적어 보십시오.

3. 습관화하기

TIP 상대에게 관용하지 못하고 분노했던 적이 있다면 그 이유를 생각해 보고, 예수를 따르지 못한 세상적 습관이 있다면 무엇인지 기록해 보십시오.

TIP 말씀대로 실천할 수 있는 일 한 가지를 기록해 실천 여부를 체크합니다.

목표							
요일별 상황	주일	월	화	수	목	금	토

4 결단하기

공동체 모임이나 멘토 등 신앙인들과 함께 나누십시오. 나눔은 신앙
인다움을 만드는 가장 확실한 방법입니다.

> 누구든지 사람 앞에서 나를 시인하면 나도 하늘에 계신 내 아버
> 지 앞에서 그를 시인할 것이요(마 10:32).

5 함께 기도하기

기도 제목을 적은 뒤 함께 나누어 보십시오.

chapter
5

자리를 지키는
신앙인

1. 경건으로 무장된 인생 약 1:26-27

summary

습관은 어떤 행동이 몸에 배도록 의지적으로 자리 잡게 하는 것이다. 습관을 만들려면 반드시 반복의 과정을 거쳐야 한다. 그중 예수 믿는 사람이 실천해야 하는 중요한 덕목은 '경건'이다. 예수 믿는 사람이라면 경건한 그 무엇이 전달되어야 한다.

경건의 훈련은 먼저 하나님 앞에서 자신을 점검하는 것이다. 스스로 괜찮은 사람이라고 포장하는 것이 아니라 모든 것을 알고 계시는 전능하신 하나님 앞에서 결코 숨길 수 없는 자신의 모습을 고백하는 것이다.

둘째, 경건의 훈련은 혀를 다스리는 것이다. 우리가 언어를 가진 것은 하나님께 부여 받은 특권이자 책임이다. 하나님은 우리의 말을 들으신 대로 행하시기 때문이다. 말 속에는 생각과 영혼이 담겨 있으므로 하나의 단어를 말하더라도 잘 선택해서 말해야 한다.

경건의 능력을 가지려면 하나님께 드려지는 예배와 함께 신앙의 본능적 운동이 되도록 그에 맞는 행동이 지속적으로 뒤따라야 한다. 경건의 훈련은 자기 영혼의 평안함만 추구하는 것이 아니라 도움이 필요한 사람을 기쁜 마음으로 도와줄 수 있는 훈련이 되어 있는 것이다.

세상은 자신을 지키는 것을 자기관리라고 표현하지만, 신앙인은 경건이라고 말할 수 있다. 말씀대로 자신을 지키는 일은 자기관리 없이 불가능하기 때문이다. 이는 예수 믿는 사람이 자신을 지켜 세속에 물들지 않게 하는 것이다. 세상의 잣대에 따라 판단하는 것이 아니라 자신의 생각과 감정에 반할지라도 하나님이 기준이 되어 그 말씀을 따라 행하는 것이다.

나눔

1 마음 열기

신앙인의 경건이 어떻게 생겨나는지 묵상해 보십시오.

2 주제 나누기

본문 말씀을 묵상하고 나서 다음 질문에 따라 나누어 보십시오.

1. 삶에서 신앙인다움은 언제 생기나요?

TIP 습관은 어떤 행동이 몸에 배도록 의지적으로 자리 잡게 하는 것입니다. 그러므로 습관을 만들려면 반드시 반복의 과정을 거쳐야 합니다(잠 2:20).

2. 신앙인으로서 믿음의 삶을 살며 경건의 향기가 묻어 나오는 삶을 살고 있나요? 그렇다면 그 이유는 무엇인가요?

TIP 세상 사람이 경건의 의미를 정확히 알지 못하더라도 '저 사람은 예수를 믿어서 조금 다르다'라는 느낌 정도를 줄 수 있어야 합니다(딤전 4:7-8).

3. 우리가 사용하는 말과 경건은 어떤 상관관계가 있나요?

TIP 말 속에는 그 사람의 생각과 영혼이 담겨 있습니다. 성경은 마음에 가득한 것을 입으로 말한다고 가르쳐줍니다(잠 22:17-18).

4. 세상의 유혹이 몰려올 때 하나님의 사람으로서 그것에 어떻게 대처해야 하나요?

TIP 세상 사람들은 자기를 지키는 일을 자기관리라고 하지만 신앙적인 말로는 경건이라고도 할 수 있습니다. 경건은 자신을 지켜 세속에 물들지 않게 하는 것입니다(딤전 6:11-12).

실천 가이드

1. 주어진 야고보서 말씀 읽고 묵상하기

`TIP` 감동적인 말씀이나 마음에 부딪치는 말씀을 적어 보십시오.

2. 말씀 적용

`TIP` 앞서 나눈 경건의 능력이 자신의 삶에서 얼마나 나타나는지 수치(%)를 매겨 보십시오. 부여하는 수치는 주관적일 수밖에 없지만 나름의 기준을 정해 기록합니다.

`TIP` 묵상한 말씀을 토대로 자신의 행동 가운데 신앙인답지 못했던 행동을 적어 보십시오.

3. 습관화하기

`TIP` 상황에 따라 경건의 능력이 나타나지 않았던 이유를 생각해 보고, 예수를 따르지 못한 세상적 습관이 있다면 무엇인지 기록해 보십시오.

TIP 말씀대로 실천할 수 있는 일 한 가지를 기록해 실천 여부를 체크합니다.

목표							
요일별 상황	주일	월	화	수	목	금	토

4 결단하기

공동체 모임이나 멘토 등 신앙인들과 함께 나누십시오. 나눔은 신앙
인다움을 만드는 가장 확실한 방법입니다.

> 누구든지 사람 앞에서 나를 시인하면 나도 하늘에 계신 내 아버
> 지 앞에서 그를 시인할 것이요(마 10:32).

5 함께 기도하기

기도 제목을 적은 뒤 함께 나누어 보십시오.

2. 고대하게 하는 인생 약 1:16-18

summary

태초부터 우리의 분별력을 뒤흔드는 세력이 있었다. 우리에게 언제나 좋은 것들로 채워 주시는 하나님과의 관계를 방해하는 사탄이다. 사탄은 에덴동산에 있던 아담과 하와에게 죽음을 거짓 포장하여 눈이 밝아지게 될 것이라고 속였다. 사탄은 지금도 틈만 나면 우리를 속이려고 한다. 그러나 속으면 안 된다. 사탄은 화려한 포장 속에 죽음을 담아 선물하는 존재이기 때문이다.

속게 되면 가야 할 길이 어디인지 모른 채 그곳이 최고의 목적지인 양 착각하며 엉뚱한 길로 가게 된다. 또한 속게 되면 어디에도 마음 둘 데가 없어 이리로 가야 할지 저리로 가야 할지 갈팡질팡하게 된다.

속지 않는 인생이 되려면 곧 사라져버릴 순간의 기쁨을 위해 사는 것이 아니라 위로부터 내려오는 영원한 기쁨을 누릴 수 있어야 한다. 하나님을 경외하고 하나님의 말씀을 지키도록 노력하는 것이 우리가 완전해지는 길이다.

세상의 것은 모두 변하고, 유행도 금방 바뀐다. 그러나 하나님께로부터 내려오는 것은 변하지 않는다. 빛이 되었다가 어둠이 되었다가 하는 변덕스러움도 없다. 그 이유는 온갖 좋은 은사와 온전한 선물을 내려주시는 하나님이 변함없으시며 회전하는 그림자도 없는 분이시기 때문이다.

하나님이 예수 믿는 우리에게 신앙인다운 삶을 요구하시는 이유는 우리가 모든 피조물 가운데서 첫 열매가 되기를 원하시기 때문이다. 세상 사람이 예수 믿는 사람을 보고 '저 사람처럼 살면 진정한 행복이 찾아올 거야'라고 생각하며, 그 행적을 따라가게 하는 모범이 되게 하려는 것이다.

나눔

1 마음 열기

예수 그리스도를 믿는 사람으로서 신앙인답게 사는 것이 무엇인지 묵상해 보십시오.

2 주제 나누기

본문 말씀을 묵상하고 나서 다음 질문에 따라 나누어 보십시오.

1. 믿음의 삶을 살면서 세상의 잣대에 쉽게 분별력을 잃고 신앙인다운 것을 포기하고 싶을 때가 있습니다. 이런 유혹이 몰려올 때 어떻게 극복하나요?

   TIP 사탄은 태초부터 우리의 분별력을 뒤흔드는 세력입니다. 에덴동산에서 아담과 하와에게 죽음을 성공의 길로 거짓 포장하여 잘못된 선택을 하도록 부추겼습니다(고전 15:33-34).

2. 신앙의 길을 걷다가 사탄에게 속아 갈 길을 잃고 방황한 적이 있나요? 만약 있다면 그 이유는 무엇인가요?

   TIP 속게 되면 가야 할 올바른 목적지를 상실하고 다른 길로 가게 됩니다. 욕심에 끌려 미혹되면 그 끝이 사망의 길임에도 성공과 생명의 길로 착각하게 됩니다(창 13:10).

3. 속지 않는 인생이 되기 위해 우리가 알아야 할 것이 있다면 무엇인가요?

   TIP 속지 않는 인생이 되려면 곧 사라져버릴 순간의 기쁨을 위해 사는 것이 아니라 위로부터 내려오는 영원한 기쁨을 누릴 수 있어야 합니다(잠 26:24-25).

4. 하나님이 예수 믿는 우리에게 신앙인다운 삶을 요구하시는 이유는 무엇인가요?

   TIP 피조물이 고대하는 것은 하나님의 자녀다운 자녀가 나타나는 것이라고 했습니다. 하나님은 우리가 세상에 속하지 않는, 하나님 보시기에 심히 좋은 피조물이 되기를 소망하십니다(롬 4:20-22).

1. 주어진 야고보서 말씀 읽고 묵상하기

TIP 감동적인 말씀이나 마음에 부딪치는 말씀을 적어 보십시오.

2. 말씀 적용

TIP 이웃이 보기에 우리 삶이 얼마나 행적을 따라가고 싶게 만드는 모범이 되는지 수치(%)를 매겨 보십시오. 부여하는 수치는 주관적일 수밖에 없지만 나름의 기준을 정해 기록합니다.

TIP 묵상한 말씀을 토대로 자신의 행동 가운데 신앙인답지 못했던 행동을 적어 보십시오.

3. 습관화하기

TIP 하나님이 주신 온갖 좋은 것을 보지 못하고 사탄에게 속았던 적이 있다면 그 이유를 생각해 보고, 예수를 따르지 못한 세상적 습관이 있다면 무엇인지 기록해 보십시오.

TIP 말씀대로 실천할 수 있는 일 한 가지를 기록해 실천 여부를 체크합니다.

목표							
요일별 상황	주일	월	화	수	목	금	토

4 결단하기

공동체 모임이나 멘토 등 신앙인들과 함께 나누십시오. 나눔은 신앙
인다움을 만드는 가장 확실한 방법입니다.

> 누구든지 사람 앞에서 나를 시인하면 나도 하늘에 계신 내 아버
> 지 앞에서 그를 시인할 것이요(마 10:32).

5 함께 기도하기

기도 제목을 적은 뒤 함께 나누어 보십시오.

3. 돌이키게 하는 그 한 사람 약 5:19-20

summary

　미혹되어 진리를 떠난 자가 있다면 그들을 다시 진리 안으로 돌이키게 하는 그 누군가가 필요하다. 돌이키게 하는 그 사람 때문에 진리를 떠난 자가 구원을 받고, 수많은 죄로부터 씻김을 받게 되는 것이다.

　진리를 떠난 사람을 되돌아오게 하는 그 누군가는 바로 우리가 되어야 한다. 우리는 자신이 가진 모든 것으로 복음 전하기에 힘써야 한다. 그 복음을 믿는 자는 건져냄을 받는 구원을 얻기 때문이다.

　누군가 길을 잃고 방황할 때, 미혹된 사람을 돌이키게 하는 한 사람이 필요하다. 예수 믿는 것을 넘어서 예수 믿는 사람다운 마음가짐을 강조하는 것은 우리를 통해 미혹된 인생이 돌이키기 때문이다.

　예수님은 모두가 비난하는 것을 들추지 않으시고 오히려 그 사람의 마음에 있는 목마름을 해결해주시며 영원한 생수를 알게 하셨다.

　겉으로 드러난 흠집을 보는 것은 누구나 할 수 있다. 그러나 마음의 중심을 보는 하나님의 시각이 아니라면 방황하는 사람이 무엇에 목말라 하는지 알 수 없다. 하나님은 죄를 싫어하시지만, 우리의 그 연약함을 긍휼로 덮는 분이시다. 예수를 믿는 우리는 우리를 향한 하나님의 그 마음을 볼 수 있어야 하고, 미혹되어 방황하는 사람이 하나님께로 돌이킬 수 있도록 해야 한다.

많은 사도와 믿음의 선배가 복음 전하는 일에 목숨도 아끼지 않았던 이유는 하나님의 무서운 심판이 이르기 전에 하나님을 떠난 자녀들을 하나님께로 돌이켜야 했기 때문이다. 우리도 하나님과 미혹된 사람을 연결시켜주는 다리가 되어야 한다. 이것은 우리가 짊어지고 가야 할 거룩한 부담감이기도 하다.

나눔

1 마음 열기

진리를 떠난 자를 다시 진리 안으로 돌아오게 한 적이 있는지 묵상해 보십시오.

2 주제 나누기

본문 말씀을 묵상하고 나서 다음 질문에 따라 나누어 보십시오.

1. 미혹되어 진리를 떠난 자를 다시 진리 안으로 돌이키게 하면 얻어지는 유익은 무엇인가요?

> TIP 예수님을 만나면 수많은 죄로부터 씻김을 받을 뿐 아니라 영원한 생명과 구원을 얻게 됩니다. 또한 예수 믿는 사람에게는 누구나 할 것 없이 선교의 사명이 있습니다(시 85:1-2).

2. 예수님의 제자로서 구원의 사역에 어떻게 동참하고 있나요?

> TIP 예수님이 이루신 십자가의 사건은 구원 이야기의 종결입니다. 예수 믿는 사람의 인생 목표 가운데 하나는 방황하는 사람에게 하나님의 복음을 전함으로 그가 잘못된 인생의 길에서 돌이켜 영원한 생명을 얻게 하는 것입니다(렘 24:7).

3. 누군가 길을 잃고 방황할 때 하나님께로 돌이키게 하기 위해 어떤 삶을 살아야 하나요?

> TIP 예수 믿는 사람으로서 우리에게 부끄러움이 없어야 하는 이유는 우리 삶을 통해 미혹된 사람을 돌이키게 할 수 있기 때문입니다(행 11:24).

4. 함부로 형제를 판단하지 말고 기다려야 하는 이유는 무엇인가요?

> TIP 우리의 잘못된 판단으로 방황하는 사람에게 상처를 입힐 때가 있습니다. 겉으로 드러난 다른 사람의 약점을 보는 것은 누구나 할 수 있습니다. 그러나 마음의 중심을 보시는 예수님의 시각이 아니라면 방황하는 사람이 무엇에 목말라 하는지 알 수 없습니다(요 8:15).

실천 가이드

1. 주어진 야고보서 말씀 읽고 묵상하기

TIP 감동적인 말씀이나 마음에 부딪치는 말씀을 적어 보십시오.

2. 말씀 적용

TIP 진리를 떠난 자를 다시 진리 안으로 돌아서게 하는 실천을 얼마나 했는지
수치(%)를 매겨 보십시오. 부여하는 수치는 주관적일 수밖에 없지만 나름
의 기준을 정해 기록합니다.

TIP 묵상한 말씀을 토대로 자신의 행동 가운데 신앙인답지 못했던 행동을 적어
보십시오.

3. 습관화하기

TIP 상대의 겉모습만 보고 마음을 헤아리지 못한 적이 있다면 그 이유를 생각
해 보고, 예수를 따르지 못한 세상적 습관이 있다면 무엇인지 기록해 보십
시오.

TIP 말씀대로 실천할 수 있는 일 한 가지를 기록해 실천 여부를 체크합니다.

목표							
요일별 상황	주일	월	화	수	목	금	토

4 결단하기

공동체 모임이나 멘토 등 신앙인들과 함께 나누십시오. 나눔은 신앙인다움을 만드는 가장 확실한 방법입니다.

> 누구든지 사람 앞에서 나를 시인하면 나도 하늘에 계신 내 아버지 앞에서 그를 시인할 것이요(마 10:32).

5 함께 기도하기

기도 제목을 적은 뒤 함께 나누어 보십시오.